DE ROMANORUM IUDICIO RECUPERATORIO COMMENTATIO

SCRIPTA

AB

IULIO AUGUSTO COLLMANN

IUR. UTR. DOCT.

BEROLINI.

TYPIS ET IMPENSIS G. REIMERI.

MDCCCXXXV.

PRAEFATIO.

Quanquam novissimis temporibus magnus virorum doctissimorum numerus in antiquitate Romana perscrutanda admirabilem ingenii aciem ita collocavit, ut per totam fere jurisprudentiam nova quasi lux effusa sit, hic tamen ipse felix progressus rapit animos, ut antiquitatem, etsi jam satis explorata videatur, denuo investigare illamque novam lucem iis quoque rebus afferre conentur, quae hic illic in obscuris relictae sint. Quum igitur anno MDCCCXXXII illustris jurisconsultorum Berolinensium ordo proposuisset quaestionem de historia et ratione judicii recuperatorii jure Romano, non cunctatus sum, quin vires juveniles tentarem. Res praeter spem bene evenit; ordo die festo optimi regis natali anno MDCCCXXXIII libellum meum praemio ornavit. Omnibus, quae tunc conscripseram, retractatis et pro viribus emendatis nunc dissertationem hanc in medium profero.

Priusquam ad ipsam quaestionem aggredimur pertractandam, paucis disserendum esse videtur de sententiis, quas viri docti, quorum libros inspicere nobis licuit, de recuperatoribus defenderunt. Qua in re non multa verba faciamus, quia tam aliorum errores in tota re Romanorum judiciaria unusquisque perspicit, quam, si aliorum sententias diligentius refutaremus, omnia fere, quae in ipso libello exposuimus, jam nunc a nobis essent explicanda. Permulti quidem viri docti in libris, quos in lucem ediderunt, recuperatores attigerunt, pauci autem rem diligentius explicarunt. Primum enim nonnulli de recuperatoribus tantum in provinciis munere functis agunt. Quorum unus exstat Siccama [1]), qui eos in provinciis autumavit praetorum consilio adsedisse eodem modo, quo Romae decemviri stlitibus judicandis fuissent adhibiti. Simili fere modo Herm. Noordkerk [2]), cui assentitur Ernesti [3]), idem recuperatoribus tribuit munus in provinciis, quo Romae centumviri functi essent. Heineccius [4]) vero, qui Siccamae favet sententiae, nuda nominis significatione nimis adstrictus recuperatores addit datos esse, si de persecutione rei actum esset, et ita dictos, quod per eos suum quisque recuperaret. Quibus adjicit in notis, postea et alios judices hoc nomen tulisse et in provinciis recuperatores eodem munere functos esse, quo centumviri Romae. Porro Car. Bretus [5]) sic disserit: „*Caeterum omitti hic nolo judices interdum recuperatores nuncupatos fuisse, quod nimirum saepe de bonorum vi inique ablatorum recuperatione cognoscerent.*"

Joannes vero Corasius [6]), Franc. Polletus [7]) et

---

1) De judicio centumvirali rec. cur. K. F. Zepernick. Hal. 1776. 8. lib. I. §. 10.

2) Disquisitio de lege Petronia c. 18. pag. 67. Amstelod. 1731.

3) In clav. Cicer. v. recuperator.

4) Syntagma antiquitat. Rom. I. adp. §. 111. IV. 6. §. 39.

5) Ordo perantiquissim. judiciorum civil. in Hoffmanni histor. jur. civ. vol. 2. pars. 2. c. 12.

6) Comment. in pand. in tit. de orig. jur. §. 35. in tit. de jurisdict. in Opp. I. miscell. jur. civ. lib. I. c. 18. in Opp. II. Witemb. 1603. Fol.

7) Histor. fori Rom. lib. 3. cap. 2. 15. lib. 5. cap. 5. in the-

Wolfg. Lazius [8]) de rebus judicialibus apud Romanos ne minimam quidem cognitionem habuisse videntur, quum judices, recuperatores, arbitros, judices pedaneos, delegatos pares inter se fuisse ponerent et commissarios nominare vellent.

Inter plurimos autem, qui recuperatores numero solo diversos fuisse ab judicibus statuerunt, maxime praecellunt B. Brissonius [9]), Ferratius [10]), Franc. Robortellus [11]), Nicol. Grucchius [12]), G. H. Ayrer [13]), J. G. Graevius [14]) et Jo. Hoppius [15]). Quorum ultimus aliis longe accuratius, quanquam tunc temporis jus Romanum nimis exploratum non esset, totam omnino disquisitionem magna cum diligentia conscripsit, in nonnullos errores lapsus est. In primo enim capite cum Raevardo, Siccama et Nodtio contendit, provinciae praetorem in rebus cognitionis extraordinariae arbitrio suo rem gerere non potuisse, sed tantum ex consilii et assessorum sententia; consilium autem hoc non diversum fuisse a XX recuperatoribus, qui praesidi in manumissionibus adfuissent.

---

saur. antiquit. Rom. Graec. suppl. ab J. Poleno. Venet. 1737. Fol.

8) Comment. reipubl. Rom. III. 16. Basil. 1551. Fol.

9) De verbor. significat. v. recuperator. — de formulis III. pag. 316. V. pag. 470. Paris 1583. Fol.

10) Epist. I. 2. 3.

11) De judiciis et omni consuet. in Graevii thesaur. antiquit. Rom. tom. III. pag. 16. Venet. 1732. Fol.

12) De comit. Rom. I. pag. 28. Venet. 1558. 8. post P. Manutii de leg.

13) Disquisit. de judicio VII virali. Gotting. 1757. post Siccamae de judicio centumvirali.

14) Animadv. ad Siccam. l. c. 4. 5.

15) Dissert. de judicib. a praetore et prov. rect. ad causas priv. jud. dari solitis. Lugd. Bat. 1729. 4. in G. Oelrichs thesaur. nov. diss. Belg. vol. I. Bremae 1771. 4.

Tum autem in capite tertio sic enunciat: „*in actione stricti juris, si unus judex datus erat, dicebatur judex, si plures, olim recuperatores videntur fuisse vocati.*"

Dein Desiderius Heraldus [16]) judicem et recuperatores ita discerni defendit, ut ille de jure judicasset, hi de facto cognovissent. Praeterea K. F. Zepernick [17]) haud accuratiorem sententiam protulit, dum recuperatores nos non optime docet in provinciis omnibus fere muneribus functos esse propter civium Romanorum penuriam; judicasse igitur res privatas et criminales, causas liberales et centumvirales, atque praesidis consilium fuisse; Romae vero ad modum pedaneorum judicum institutos. Tandem Car. Sigonius [18]), qui de recuperatoribus in libris suis saepius agit, haec fere explicat: recuperatores dictos esse eos, qui de rebus privatis recipiendis reddendisque cognoscerent (de antiquo jur. civ. Rom. II. c. 18. in tom. I. pag. 377 seq. 383 seq. de judiciis I. 22 in tom. II. 488 sq.); datos esse si de facto fuisset controversia (I. 378. II. 489.) et Romae quidem lectos a praetoribus ex censu ex corpore selectorum (II. 491.), in provinciis autem vel e conventu vel e cohorte praetoris (I. 384.). Dein vero dicit, eos in provinciis solum datos esse ex conventu et foro illo, in quo res ageretur (de antiq. jur. provinc. II. 5. in tom. II. pag. 197).

Praeterea inter nostrae aetatis jurisconsultos G. Hugo [19]) nonnullis veterum scriptorum locis laudatis revera nullam omnino proponit sententiam de recuperatoribus, quos Ciceronem ita commemorasse observat, ut ad

---

16) Observ. ad jus Att. et Rom. V. 14. Paris 1650. Fol.

17) Ad Siccam. de judic. centumv. I. 9. not. 6.

18) De antiquo jure populi Rom. Hal. Magdeb. 1718. 8.

19) Lehrbuch der Geschichte des Röm. Rechts §. 265. 7te Aufl. Berlin 1820. 8.

rem accelerandam adhiberentur, Gajumque uni judici opposuisse, et eodem, quo centumviri, functos esse munere negat. Ch. G. Haubold [20]) eos plures fuisse defendit judices, apud quos lites longe celerius finirentur. Id Ed. Schrader [21]) quoque contendit eorumque originem ab externis populis petit.

Car. Guil. Er. Heimbach [22]) hanc complectitur sententiam: recuperatores fuisse homines a civitatibus invicem electos ad res, quae in aliam civitatem pervenissent, repetendas et recipiendas, qui nostra lingua appellandi essent *Friedensrichter*; in provinciis eos egisse atque administrasse omnia, quae Romae a centumviris aliisque judicibus fieri solita essent in causis privatis. Romae autem recuperatores judicasse videri de omnibus causis, in quibus damni a reo dati taxatio a laeso, aestimatio certa a judice fieri solita esset, et saepius in causis inde ortis, si quis edictum praetoris violasset, interdictove magistratus non obtemperasset; in primis a reliquis judicibus differre, quod a recuperatoribus causae celerius atque citius ad finem perductae esse dicerentur. Everard. Dupont [23]) ex legitimorum judiciorum discrimine et eorum, quae imperio continentur, conjecit recuperatores a praetoribus introductos esse; judicem esse datum, quando per sponsionem ageretur et quoties certae pecuniae esset condemnatio, recuperatores vero frequentius in causis interdictorum, quia per eos judicii exitus promptior esset, neque solummodo de facti veri-

---

20) In epicris. oper. Heinec. ant. syntag. IV. 6. §. 39. Francof. ad Moen. 1822. 8.

21) Heidelberger Jahrbücher 1823. pag. 958. 959.

22) C. Aelii Galli ICti de verbor. signif. fragmenta. Lips. 1823. 8.

23) Disquisit. in comment. IV. instit. Gaj. cap. 2. §. 12. 13. c. 4. §. 3.

tate, sed de eo, quod praestandum esset, judicasse, et semper plures esse datos. H. E. Dirksen [24]) demonstravit, Romanos judicium recuperatorium applicasse ad litis aestimationem, quum de repetundis aut de peculatu ageretur. A. Schweppe [25]) in medium protulit, eos a populo quodam externo originem duxisse, semper plures simul cum formula datos esse, Romae autem judicasse de re familiari, imprimis vero de restitutionibus, eosque, ut lis citius finiretur et in causis liquidis institutos esse, et ad ea, quae imperio continerentur judicia pertinuisse; in provinciis tamen eos solos judices factos esse videri et consilium manumissionis formasse.

Aug. Guil. Heffter [26]) recuperatores ex commercio Romanorum cum peregrinis originem traxisse suspicatur, et postea principia esse observata, ex quibus tam Romae quam in provinciis, si civis cum peregrino ageret, judex peregrinus et vice versa Romanus daretur; sin autem provinciales vel cives Romani in provinciis inter se litigarent, aut unum civem ex eodem conventu, aut eorum tres nomine recuperatorum acciperent, qui rem judicarent. Quando hoc, quando illud factum sit, explicari non posse; permultum ex magistratuum edicto et arbitrio pependisse. In illis autem causis, quas Romae centumviri diremissent, in provinciis constitutum esse videri judicium recuperatorium, quod Romae quoque ad civium causas applicatum et iis adnumeratum esset judiciis, quae imperio continerentur. Controversias quoque ex interdicto recuperatores judicare potuisse, quae ex recuperatorum ratione citius ad finem perductae es-

---

24) Beiträge zur Kunde des Röm. Rechts. Abh. 3. Leipz. 1823. 8.
25) Geschichte des Röm. Rechts §. 548.
26) Institutionen des Civilproc. Buch 1. Tit. 2. Bonn 1825. 8.

sent. Quibus alio in loco [27]) similiter expositis adhuc addidit causas, ex quibus praetor urbanus judicium recuperatorium constituisset, et enumeravit injurias atrociores, edictum de vi coactis armatisque hominibus, interdicta restitutoria et exhibitoria, si res in sponsionem deduceretur, omniaque prohibitoria, denique omnes controversias inde ortas, si quis contra edictum praetoris aliquid fecisse diceretur. Atque in summa dici posse, quoties praetor vi imperii sui delicta, vel quaecunque prohibente edicto admissa forent, poena pecuniaria sive sponsionibus interpositis coërcenda esse censuisset, recuperatores dari solitos esse, modo ut res celerem vindictam flagitaret. F. J. Stahl [28]) contendit, recuperatores fuisse judices, qui solum de factis cognovissent eosque tum demum adhiberi potuisse, si de ea re ageretur, quae certo aliquo praescripto vel confessione in jure ita praefinita et determinata esset, ut omni juridica dubitatione remota sola quaestio facti relicta esset. Tum causas recuperatorias, quarum nonnullas in veterum scriptis frustra quaeras, enumeravit, qua in re semper magnopere studuit, ut cognoscatur sententia, quam de recuperatorum ratione defendit.

Quod attinet ad Tigerstroemii, Huschkii Zimmernii-que sententias, in ipsa dissertatione satis exposuisse et illustrasse mihi videor.

---

27) Gaji instit. comment. quart. recens. librumque adnotat. adjecit. A. G. Heffter cap. 20. Berol. 1827. 4.

28) Ueber das ältere Röm. Klagenrecht pag. 17. 599, München 1827. 8.

CAPUT PRIMUM.

DE RECUPERATORUM ORIGINE.

§. 1.

In origine judicii recuperatorii investiganda duplicem viam ita ingrediamur necesse est, ut tam ex ipso eorum nomine, quam ex iis, quae a scriptoribus de hoc Romanorum judicio nobis tradita sunt, cunabula explorare studeamus. Recuperator enim haud dubie eum indicat, qui recuperat, verbum autem recuperare, ut nos docet Forcellinus [1]), Graece ἀναλαμβάνειν, ἀνακομίζεσθαι, significat *rem amissam recipere*, *jacturam reparare*, et deducendum est a *re* et *paro*, inserto *ci*, ut in incitega, concipilo, reciprocus. Vocales vero *i* et *u* quum veteri usu inter sese commutentur [2]) praesertim in vocibus juridicis obsoletisque, modo recuperare, modo reciperare apud scriptores invenimus. E. Huschkius [3]) tamen, dum eodem fere modo vocem derivat, compositam esse contendit e *re*, *cis* et *parare*, ita ut sit recuperare id, quod a nobis trans apud alterum populum fuerit, ad nos revocare et

1) In thes. ling. lat. s. v. recuperare.

2) Cf. Stalbaum ad Ruddiman. instit. grammat. p. 172. Sic in vocibus postimus, optimus, pessimus, maximus, assimilo, aliisque, quas quum antea scriberent postumus etc. primus Jul. Caesar per i enunciavit teste Quinctiliano inst. I. 7. cf. Periz. ad Sanct. Minerv. I. 11, 2.

3) Analecta litt. curante J. G. Huschkio p. 215.

recipere [4]). Quorum prior, quum syllaba *ci* vel *cu* cum praepositione *cis* parum congruat, rectius vidit, quam alter. Primum enim in voce reciperare syllaba *ci* corripitur, quae si a praepositione littera *s* rejecta deducenda esset, haud dubie produceretur oporteret; praeterea apud grammaticos nec regula neque exemplum exstat ullum, in quo littera *s* ante *p* expungenda esse videatur.

Quinam autem sunt illi, qui recuperant? Ex sola vocis vi ac potestate ne tantum quidem excuti potest. Quanquam Huschkius id ipsum nomen recuperatorum, quod cum judicis appellatione comparat [5]), *magis facti esse quam juris, et solam rerum, quas quis amiserit, recuperationem continere* defendit. Quod si a nobis comprobaretur, de recuperatorio minime loqui possemus judicio, et in Tigerstroemii sententiam plane ridiculam [6]) incideremus, qui sibi persuasum habet, *recuperatores adhibitos fuisse nunquam nisi ad vim repulsandam et recuperandum id, quod fuisset amissum: semper vero, si vi esset armisque decertandum, eos litem dirimere solitos fuisse. Armis enim solis rem perfecisse, atque ex multis scriptorum testimoniis perspicuum esse, vim a recuperatoribus fuisse adhibendam, nec difficultates litium sicut a pedaneo judice exaudiendas.* Rursus perbene videlicet auguratus est, *judicia ejusmodi ab omni difficultate remota fuisse, et recuperatores expertes juris scientiae et si rudes nec ubique plane litterarum, et eorum officium nullis fuisse certis actionibus limitatum, sed in quam plurimis causis potuisse recuperatores ad-*

4) Quam ob rem scribendi rationem reciperatio p. recuperatio praefert. Nibilominus autem per totam dissertationem scribit recuperatores et judicium recuperatorium.

5) L. c. p. 209.

6) De judicibus apud Romanos tractatio auctore Dr. Fr. Guil. de Tigerstroem. Berol. 1826. 8. §. 26. 27.

hiberi, dummodo vis esset repellenda nec res difficilior, quam ut posset ab imperitis quibusque hominibus discerni. Proposuisse igitur praetorem recuperatores e comitatu suo ac numero satellitum, eosque fuisse praetoris stipatores, corporis ministros et satellites. Haec fere sunt, quae ex veterum libris iste concludere conatus est. Quam vero viam hac in re investiganda ingressus sit, et quo tandem modo haec inde sequi possint, nos plane non intelligimus. Fortasse vir doctus illa veteris glossarii definitione deceptus est, quam Brissonius [7]) ita refert, *ut sint recuperatores, qui latrones et alios delinquentes recipiant.* Nemo autem dubitabit, quin, si qua fides illo testimonio tribuenda est, definitio ad ultima rerum Romanarum tempora referenda esse videatur.

Redeamus vero ad illam Huschkii sententiam [8]), quam fortasse pro conjectura tantum proposuit, quum paulo post [9]) dicat, *vocem recuperare plerumque de recipiendis rebus, quae m a g i s juris quam f a c t i essent, usurpari, veluti in his locutionibus: libertatem, patrimonium, pecuniam, jus suum, statum pristinum recuperare. Rebus facti etiam opponi a Cicerone* [10]) *„res publica, quae se adhuc tantummodo ulta est, nondum recuperavit,"* *et a Justino* [11]) *„non se expugnatum, sed reciperatum patriam venire."* Ipsa vero haec, quae ad suam sententiam comprobandam adhibuit exempla, jam satis demonstrant, vocem recuperare tam ad factum, quam ad jus pertinere. Praeterea quum plurimos scriptorum locos, in quibus illa vox modo ad jus modo ad

---

7) De verbor. signif. v. recuperator. in fin.
8) Vid. supr. p. 9.
9) L. c. p. 215.
10) Philipp. II. 44.
11) XVIII. 7. 5.

factum, vel ad utrumque referatur, excitare possimus [12]), facile intelligitur, ex inquirenda sola vocis potestate ad prosperum eventum nos pervenire non posse. Deinde omnes voces, quibus populi antiquissimi parum eruditi usi sunt, vel nondum certas et finitas significationes continent, vel vim suam ac potestatem sensim ita commutarunt, ut posteri primae propriaeque significationis obliviscerentur et aliam substituerent. Quare qui nimiam verborum potestati tribuant vim eamque solam sequantur, in errorem fere semper inducantur necesse est. Mittamus igitur ex vocis potestate judicii originem primamque ejus naturam et rationem explicare, praesertim quum alia meliorique ratione rem ad finem perducere possimus.

§. 2.

Considerantes nos, quae de civitatum primordiis nobis tradita sunt, primum omnium vinculum et fundamentum, nisi hominum conjunctio erat fortuita, incerta

12) E. c. veterem belli gloriam libertatemque recuperare (Caes. de bell. Gall. VIII. 1.), suos obsides — (eod. III. 8.), pacem — (Sall. Jug. 31.), sanitatem — (Just. 32. 3.), domesticam potentiam — (eod. 22. 2.), recuperatum regnum (eod. 34. 1.), ordinem senatorium — (Tacit. hist. 2. 86.), reciperatae cibo somnoque vires (eod. 3. 22.), gratiam — (ejusd. ann. XIV. 15), Camillus recuperator urbis (eod. II. 52.), sic adolescentulos simulata laudatione recuperavit (Nep. Ages. 6.), villam suam ab aliq. — (Cic. Phil. 13. 5.), rem suam judicio — (id. in Verr. act. II. 5, 14.), voluntatem alicuj. (id. epist. ad Att. I. 11.), si in vestrum amplexum venero, ac si et nos et me ipsum recuperaro (id. epist. ad fam. 14, 1.), familia ubi versatur, providendum si fessi opere aut frigore aut calore, ubi commodissime possint se quiete recuperare (Varr. R. R. 1, 13), ex terra recipientes radices arborum in se succum reciperantur (Vitruv. II. 9.) etc. etc.

et fragilis, positum esse videmus in religione [1]. Deorum cultus ab initio omnia in republica ordinaret, et sacerdotes civitatem regerent necesse erat pro hominum natura. Is enim, familiis constitutis, primus est eruditionis humanae gradus, homo in se cognoscit hominem atque mundi dominum, simul autem altiorem Deorum potentiam sentit, cui obediri debeat, quae res humanas gubernet servetque civitatem. Quum omnes igitur antiquitatis populi proprios semper colerent Deos, quos solos veros et potentissimos putabant, aliorum autem omnes contemnerent quasi falsos imbecillesque, unusquisque, qui alius rei publicae erat aliosque venerabatur Deos, hominis dignitate carebat, eundem, quem animalia [2] obtinebat locum et hostis [3] habebatur. Inde illud, quod

1) Nimis longum est hanc sententiam, quam unusquisque nobis concedet, veterum testimoniis comparandis illustrare. Eodem modo nonnulla, quae vel omnibus constant, vel a Niebuhrio praeclara ingenii acie jam satis demonstrata esse mihi videntur, infra in judicii recuperatorii origine et natura deducenda et perscrutanda paucis tantum admonebimus.

2) Juris rationem, qua diversi populi se invicem attingerent, omnes antiquitatis gentes respicientes, praesertim ipsi Romani id statuerunt principium, ex quo populi peregrini, nisi cum iis exstabat foedus, nullo jure gaudebant. Qua ex regula omnia, quae ad has res pertinebant, deducebantur, id quod semper, quum de hac re sermo sit,] observatum invenimus, maxime autem in L. 5. §. 2. D. de captiv. et postlim. (XLIX. 15.), L. 5. §. 7. L. 7. pr. L. 51. §. 1. D. de acquirendo rer. dominio (XLI. 1.) -- cf. F. Walter Gesch. des röm. Rechts. Lieferung 1. cap. 6. Bonn 1834. 8.

3) Quonam alio modo serior hujus vocis potestas ex antiquiori evadere potuisset, nisi alter populus alterum semper putasset inimicum? Peregrini et nomen et notio tum demum introducta esse videntur, quum Romani plures populos cognovissent, et mercatura frequens fieri coepisset. De significationis commutatione, quam passa est vox hostis, vid. Terentii

tam diu apud Romanos valuit, juris principium ortum est, ex quo omnes, qui neque erant Romani, neque cum iis sese conjunxerant, tanquam servi sine domino pervagarentur. Inde primus populorum concursus semper erat bellum populisque in Deorum honorem perpetuum bellum gerendum esse videbatur, donec aut alter alterum superaverat et victum populum victosque Deos cogerat, aut sua utriusque vi contrita alterum altero potiorem intellexerat non esse, neque eum in ditionem redigere posse, et aliorum Deos propriis aequos esse potentia et auctoritate, qui hanc ob causam eadem pietate et sanctitate essent colendi, nec non pacem utrumque populum juvare et augere. Qua propter foedus [4]) icerunt, quo invicem Deorum et populi jura agnoscebant et rationem sanciebant, qua si jura laesa viderentur, quae esset cuaque injuria repararetur. Illud autem foedns, quod postea aequum appellatum est, pro hominum natura nondum exculta solum ab initio factum esse videtur [5]). Namque ex duplici tantum ratione antiqui in primis Italiae populi, quum adhuc vitae consuetudines essent simplices,

---

Varronis de ling. lat. lib. V. c. 1. lib. VII. c. 3. (ed. L. Spengel Berol. 1826.). Cic. de off. I. 12. S. Pompej. Festum v. hostis L. 24. D. de captiv. et postlim. (XLIX. 15.). L. 118. L. 234. pr. de V. S. (L. 16.). Seriori autem adhuc tempore populis, de quibus Romani plane nihil audiverant, similis erat condicio, qua antiquissimis temporibus omnes gentes non Romanae utebantur L. 5. §. 2. de capt. et postlim. (XLIX. 15.).

4) Foederibus antiquis omnibus bellum antecesserat, qua de re apud rerum scriptores Romanarum tot invenimus exempla, ut non sit necesse ea referre. Posteriori sane tempore ex aliis quoque causis Romanos foedus cum exteris vel ignotis populis fecisse constat.

5) Ditionem enim, quam Livius XXXIV. 57. sine dubio improprie foedus nominavit, foederibus adnumerare non possumus.

inter populos commercium incognitum et mercatura nulla, a bello desistebant aut ita, ut alter populus victoriam reportasset, hostes fregisset, coloniisque deductis sub imperium prorsus redegisset, aut ita ut victoriae quidem spem abjecisset, minime autem metueret, ne sub alterius populi potestatem subjungeretur [6]). Idcirco foedus fecerunt, quo, ut Niebuhrius [7]) demonstravit, civitates foederatae jurium complexum invicem acquisiverunt, quem Graeci nomine ἰσοπολιτείας significant. Haec enim condicio orta est ex foedere plane liberarum civitatum, quae quidem bella et defensiones arbitrarias in posterum evitare, ideoque aequis et justis judicibus sese subjungere, ipsae autem omnino separatae esse volebant. Ea vero ipsa isopolitia civibus omnia jura tribuit, quae incolae aut interveniente patrono aut nunquam exercere pote-

---

6) Hanc quidem rerum condicionem apud Romanos per longum temporis spatium valuisse ex Livii lib. 34. cap. 57. vel maxime patet, ubi Menippum Antiochi legatum introducit dicentem, *ignorare se, quidnam perplexi sua legatio haberet, quum simpliciter ad amicitiam petendam jungendamque societatem venissent. Esse autem tria genera foederum, quibus inter se paciscerentur amicitias civitates regesque. Unum quum bello victis dicerentur leges, ubi omnia ei, qui armis plus posset, dedita essent, quae ex iis habere victos, quibus multari eos velit, ipsius jus et arbitrium esse. Alterum quum pares bello aequo foedere in pacem atque amicitiam venirent; tunc enim repeti reddique per conventionem res, et si quarum turbata bello possessio sit, eas aut ex formula juris antiqui, aut ex partis utriusque commodo componi. Tertium esse genus, quum qui hostes nunquam fuerint ad amicitiam sociali foedere inter se jungendam coeant: eos neque dicere neque accipere leges, id enim victoris et victi esse.* Inde certissime colligere possumus, societatem civitatum condicioni ex aequo foedere ortae simillimam primis temporibus incognitam fuisse Romanis.

7) Röm. Gesch. Thl. II. S. 56—93. 2te Ausgb. Berlin 1830.

rent, et ad quae pertinent connubium, commercium, civium immunitates, societas sacrorum festorumque neque jus suffragii et honorum.

Prima hujusmodi foedera Romani cum populis Latinis inierunt, et utriusque reipublicae cives municipes Latine ita nominati sunt, ut tam Romani in Latinorum civitatibus muncipio uti possent, quam Latini Romae, et tam Roma esset Latinorum municipium, quam Latinae civitates Romanorum. Atque haec condicio inter utrumque populum per longum tempus valuit, id quod satis perspicuum fit tam ex jure exilii quam ex Latinorum jure, ex quo permulti Latini civitate relicta Romam venerunt, ibique tribubus adscripti summos honores consecuti sunt. Quae quidem eo repugnare posses, quod leges et senatus consulta apud Livium[8]) reperiuntur, quae sociis Latini nominis interdicerent, ut Romam venirent, quaequa eos, qui certo tempore censu cives Romani facti essent, in civitatem suam redire juberent; et quod hoc modo socii ac Latini nominis jura civitatis furtim acquirere studuissent[9]). Ex Livii autem verbis nullo modo intelligitur, jure Romam migrandi eos destitutos et injuria civibus adnumeratos esse, sed potius inde sequitur, ut hoc quidem jure uti, neque potuerint abuti. In primo enim et ultimo loco laudato[10]) Livius nihil scribit de ea quaestione, utrum Romam migrare iis licuerit necne, in secundo autem loco palam dicit, eos hoc jure gavisos esse, neque in infinitum et male uti debuisse. Quodsi cum his Livii verbis alia veterum testimonia[11])

---

8) XXXIX. 3. XLI. 8. 9. XLII. 10.

9) Sic inter alios viros doctos Heineccius docet in synt. antiq. Rom. I. adp. §. 52.

10) Vid. not. 8.

11) Cic. orat. pro Corn. Balbo 8. 20. 22. pro Archia poeta 4. epist. ad fam. XIII. 30. Varr. de ling. lat. V. 36. Liv. VIII.

conjunguntur, nemo dubitabit, quin civitatum foederatarum cives municipes sive isopolitae fierent. Quum autem Roma bellis feliciter gestis primum inter omnia municipia mox ita obtineret locum, ut proprium municipum jus civitatis cum Romana civitate comparatum fere nihil valeret: fieri oportuit, ut vetus magnaque municipii significatio ac vis evanesceret minoremque servaret auctoritatem, et exigua tantum veteris gloriosique municipii vestigia inferiori tempore reperirentur. In deminuenda municipii potestate id quoque magnam exercebat vim, quod Romani, quum in rebus devinis mitiores facti, mercatura, litteris et artibus excoli inciperent, illud principium, secundum quod omnes peregrini habebantur hostes, reliquerunt, etiam peregrinis jura concesserunt atque jus gentium quodammodo agnoverunt. Unde factum est, ut inter municipum et peregrinorum statum non amplius magnum esset discrimen, potius nonnunquam peregrini municipibus meliori gauderent condicione, praesertim quum hi saepissime maximis oneribus premerentur. Praeterea victi populi non omnia jura tunc amittebant, neque in servitutem redigebantur, sed non raro foedera cum iis icebantur, quibus victi summo populi Romani imperio cedere cogebantur eorumque jura et officia statuebantur [12]). Immo Romani cum populis externis, quos nondum attigerant, conjunctionem quandam inibant, qua

---

14. IX. 43. XLI. 8. Dionys. Halic. VII. p. 495. VIII. 538. 544. Strabon. geogr. V. 3. Fest. v. v. municeps, municipalia sacra, municipium. Gellii noct. att. XVI. 13. — L. 26. D. ad Sct. Trebell. (XXXVI. 1.), L. 1. D. ad municipal. (L. 1.), L. 6. §. 5. D. de munerib. et honorib. (L. 4.), L. 18. D. de verb. signif. (L. 16.). Ex his potissimum locis tam vetus municipii potestas et condicio, quam posterior ejus commutatio intelligitur.

12) Liv. VIII. 14.

vel mercatores et negotiatores utilitatem caperent, vel rei publicae aliud commodum compararetur.

§. 3.

Quanquam foedera alia aliis legibus facta sunt, tamen omnium summum et caput erat, ut Romani externarum civitatum cives agnoscerent homines, qui jura possent acquirere eaque in judicio defendere. Foedere igitur icto, eoque persona peregrinis data antiquis temporibus eorum jura saepissime sanctiora habita sunt, quam quae populus Romanus constituerat Romanis, quoniam jus sacrum et sanctum adhuc valebat, et quoniam unusquisque magis magisque studebat, ne Deos violaret, id quod aperte fecisset, si municipum jura laesisset, praesertim quum fetiales nomine et auctoritate Deorum Romanorum cum alterius populi sacerdotibus foedus inirent. Foedus illud magis Deorum quam hominum erat conjunctio, quae ab illis solis frangi poterat, atque si quis nefarie leges sacras contemnere ausus esset, quia Deorum gratiam a republica averteret, omnium civium exsecratio eum prosequeretur et Deorum ira profligeret. Itaque quum in omnibus foederibus id maximi sit momenti, ut juris ratio statuatur et praefiniatur, qua civitates et earum singuli cives invicem sese attingerent, foedera de causis privatis atque publicis, quae ex quotidiano usu et consuetudine oriebantur, leges sanxerint necesse est. Quodsi hoc in ipsa rerum condicione et natura positum esse invenimus, quaeritur quaenam fuerint illa judicia. Haud dubie fuerunt recuperatoria. Apud Festum [1]) enim C. Aelii Galli [2]) ICti verba nobis ser-

1) De verb. sign. s. v. reciperatio.

2) C. Aelius Gallus Ciceronis aequalis fuisse videtur, qui scripsit de verborum quae ad jus civile pertinent significatione li-

vata sunt haec: „*recuperatio est, quum inter populum et reges nationesque et civitates peregrinas lex convenit, quomodo per recuperatores reddantur res recuperenturque, resque privatas inter se persequantur*;" quibuscum comparanda est Paulli diaconi haec ejusdem vocis definitio: „*recuperatio est, quum inter civitates peregrinas lex convenit, ut res privatae reddantur singulis recuperenturque.*" Paullum hanc sententiam non ex Festi libro, sed ex alio quodam excerpsisse, nonnullam habet veritatis speciem, in primis quum post verba *lex convenit* adhibeat vocem *ut*, et quum de rebus tantum privatis loquatur, ibi autem verbis *reddi* et *recuperari* utatur, quae alias fere semper voce *privatae* non adjecta cum rebus (ad causas publicas referendis) conjunguntur. Sed quocunque modo res se habeat, certissime contendere possumus, eum quae scripsit, non optime intellexisse, quanquam ejus verbis uti possumus in ipsa recuperatione explicanda, de qua nunc verba faciamus.

Primum attendamus animum ad verba *populum et reges nationesque et civitates peregrinas*, in quibus vox *populus* sine dubio significat populum Romanum, id quod adjicere non opus fuit, quia ex iis quae sequuntur facile intelligitur populus, de quo agatur [3]). Id autem nos offendit, cur Aelius tot verbis utatur, quum civitates peregrinae tam reges quam nationes in se continerent? Ut

bros XII. vel II., ex quibus illa definitio exstat fragmentum; cf. C. G. E. Heimbach: C. Aelii Galli de verb. sign. fragmenta pg. 1—8. Lipsiae 1823. 8. S. W. Zimmern Gesch. des Röm. Privatrechts Bd. 1. §. 81. Heidelberg 1826. 8.

3) E. Huschkius l. l. pg. 211. restituere vult „*populum Romanum, vel potius Romanum populum*," *ne cum Paullo recuperationem intelligamus*. Sed quis est, qui rerum Romanarum tam exiguam habeat cognitionem quam ille epitomator?

hanc difficultatem summoveamus, ad rationem, qua recuperationis condicio ejusque definitio orta sit, nobis confugiendum esse videtur. Quum enim civitatum condicio, quam Aelius nominat recuperationem, ex antiquis foederibus originem duceret [4]), veteres Romanorum ICti, qui primi recuperationem definiverunt et explicaverunt [5]), hac in re eas, quae recuperatione sese conjunxerant, civitates respicerent oportuit. Illae autem, quae antiquissimis temporibus in hanc condicionem cum Romanis foedera faciebant, civitates fuerunt Latinae, quarum summum imperium penes ipsarum cives erat, qui antea hostes a Romanis nominati, nunc, quum eorum urbes municipia factae essent, municipes seu peregrini ita appellabantur, ut municipum quidem significatione uterentur Romani, si juris condicionem inter illorum ipsorumque propriam rempublicam respiciebant, peregrini autem nomen adhiberent, si civitatum conjunctione missa et neglecta dicere volebant, aliquem natum non esse [6]) civem Romanum. Itaque si qua civitas cum Romanis nulla ratione adhuc conjuncta generali nomine significanda erat, peregrinae civitatis nomine utebantur, quod simul

4) cf. quae supra §. 2. adnotavimus et quae infra in hac et sequenti paragrapho explicabuntur.

5) Equidem mihi persuasum habeo, Aelium haec verba primum non concepisse, sed definitionem traditam in veterum ICtorum libris invenisse, quam, ut solebant, vel ipsis verbis vel paucis mutatis temporique accommodatis in librum suum recepit. cf. Heimbach l. l. pag. 4—6. Zimmern l. c. I. §. 56.

6) Raro tantum veteres scriptores, foederatarum civitatum cives a civibus Romanis optimo jure, ut ita dicam, atque a peregrinis nomine accurate discernunt, sed promiscue nuncupant modo cives, modo municipes, modo peregrinos; rarius adhuc proprium inquilini nomen attribuunt ei, qui municipii jure usus est in civitate foederata, Sall. Catil. 31. Vellej. Paterc. II. 127.

indicabat, in illa republica cives summum tenere imperium. Postea vero civitates, quanquam societatem quandam cum Romanis inierant, in communi vitae consuetudine eadem voce nominatae esse videntur. Quae quum peregrinitatis significatio ab initio solum pertineret ad civitates Latinas vel Italicas, tam certam et finitam potestatem accepisse videtur, quae vel omnes civitates non Italicas vel eas saltem excluderet, in quibus civium conciones rempublicam non regerent. Quare si quis ICtus, postquam alii populi in Romanorum amicitiam et societatem venerant, recuperationem definire volebat, alia dicendi ratione uteretur necesse erat; quum autem Romani omnia, quae a majoribus tradita erant, summa pietate semper colebant atque servare studebant, notionem commutatam paucis tantum verbis adjectis definire conati sunt. Quo factum est, ut Aelius tot verbis uteretur, quanquam brevius dicere potuisset hoc fortasse modo: *inter populum et externas civitates* [7]).

His ita comparatis nobis interpretanda sunt verba „*lex convenit*", quae aptissime dicta esse videntur. Quum

---

7) Heimbach l. l. pag. 21. ubi refert hoc Galli fragmentum, comma inter voces *reges nationesque* male posuisse videtur, quoniam haec verba arctissime inter sese cohaerent et propter particulam *que* annexam et propter illam rationem, qua verborum sensum eorumque originem nos explicavimus. De hac dicendi ratione conferantur ipsius Aelii verba (apud Festum s. v. postliminium i. f.) „*cum populis liberis et cum foederatis et cum regibus postliminium est ita, uti cum hostibus.*" Quo in loco non intelligo, cur Heimbach (l. l. p. 20.) praepositionem *cum* ante vocem *foederatis* deleverit, quia sine dubio ad verba *populis liberis* interpretanda adjecta sunt, quae sequuntur; id quod particula *et* bis adhibita palam indicat, et quia ex toto loci colore cognoscitur, ICti verba etiam ad jus exilii esse referenda, quod solum inter civitates foederatas exstabat.

enim sermo est de lege aliqua constituenda et de praescripto quodam, quod summa reipublicae potestas subditis dat, apud nullum veterum scriptorem invenies vocem *convenire*, qua semper utuntur, si privati inter se aliquid de rebus privatis statuunt, de quibus respublica iis plenum tribuit arbitrium, vel si ii, qui sub nullum imperium subjecti sunt, respublicae ipsae inter se paciscuntur. Quonam autem modo cum hac voce conjungi potest lex? Quamnam sententiam haec dicendi ratio in se continet? Num altera civitas libera alteri legem praescribere potest? Civitates hic cum privatis comparatae eodem modo quam illi inter se paciscuntur contrahuntque, qua ex conventione etiam jura et obligationes proficiscuntur, quae lege ita defenduntur, ut utraque civitas legem sanciret, qua et ipsa et cives ad solvendas obligationes alteri ejusque civibus debitas cogerentur. Itaque ex hac quoque dicendi ratione certo intelligitur, recuperationis condicionem ex aequo foedere ortam esse et municipiorum conjunctionem significasse, quam ob causam fortasse non ab omni parte falso Graecorum isopolitiam Latine traderes recuperationem.

Deinde vero reliquam definitionis partem consideremus: „*quomodo per recuperatores reddantur res reciperenturque resque privatas inter se persequantur.*" Quae quidem verba maxime illustrant, civitates foederatas inter se aequo jure gavisas esse, ita ut quae esset cunque injuria orta inter foederatas civitates vel singulos earum cives per recuperatores repararetur. Paullus vero diaconus aut rerum significationem, quas in initio commemoravit Gallus, non intellexit, ita ut iis eandem quam rebus privatis tribueret vim, et utramque verborum conceptionem contraheret; aut ex alio quodam libro excerpsit, in quo rerum privatarum persecutio eminebat.

§. 4.

His ita expositis quum de condicione civitatum recuperatione conjunctarum nonnulla comperta habeamus, alia veterum scriptorum testimonia nobis investiganda sunt, ex quibus, Aelii verbis comparatis, recuperatio melius intelligatur. Qua in re in primis animum advertamus ad foedera, quae rerum Romanarum scriptores commemorant. Inter haec autem prae omnibus excellit foedus, quod Spurius Cassius non multo post, quum plebs e monte sacro in urbem rediisset, cum Latinis populis icit, quodque Dionysius Halicarnassensis accuratius nobis enarravit. Quanquam omnes foederis condiciones fortasse non perscripserit [1]), plurimum tamen ex ejus verbis colligere possumus, propterea quod foedus eo tempore factum est, quo Romanorum historiae fides jam tribuenda esse videtur. Dionysius [2]) autem cautum esse memoriae prodidit, *ut pax esset inter Romanos et Latinos quam diu coelum et terra firme starent; neuter populorum alteri bellum inferret, nec aliunde hostes excitaret, neque hostilibus copiis tuta itinera praeberet; sed si alterutri damnum injuriaque fieret, alter praesidium, opem et auxilium ferret, et praedae spoliorumque partem uterque*

---

1) cf. Niebuhr l. l. II. pag. 45.

2) VI. 415. *Ῥωμαίοις καὶ ταῖς Λατίνων πόλεσιν ἁπάσαις εἰρήνη πρὸς ἀλλήλοις ἔστω, μέχρις ἂν οὐρανός τε καὶ γῆ τὴν αὐτὴν στάσιν ἔχωσι· καὶ μήτε αὐτοὶ πολεμείτωσαν πρὸς ἀλλήλους μήδ᾽ ἄλλοθεν πολεμίους ἐπαγέτωσαν, μήτε τοῖς ἐπιφέρουσι πόλεμον ὁδοὺς παρεχέτωσαν ἀσφαλεῖς· βοηθείτωσάν τε τοῖς πολεμουμένοις ἁπάσῃ δυνάμει, λαφύρων τε καὶ λείας τῆς ἐκ τοῦ πολέμου κοινὸν τὸ ἴσον λαγχανέτωσαν μέρος ἀμφότεροι· τῶν τε ἰδιωτικῶν συμβολαίων αἱ κρίσεις ἐν ἡμέραις γιγνέσθωσαν δέκα, παρ᾽ οἷς ἂν γένηται τὸ συμβόλαιον· ταῖς δέ συνθήκαις ταύταις μηδὲν ἐξέστω προσθεῖναι, μήτε ἀφελεῖν ἀπ᾽ αὐτῶν, ὅ τι ἂν μὴ Ῥωμαίοις τε καὶ Λατίνοις ἅπασι δοκῇ.*

haberet aequalem; rerum autem privatarum judicationes intra decimum diem fierent apud eum populum, cujus in finibus negotium gestum esset; hisque legibus postremo nihil addi posset, nisi si Romanis Latinisque ita placuisset. Dionysius postquam rationem, qua civitates ipsae invicem sese attingebant, et de qua infra loquemur, explicavit, transit ad juris condicionem inter singulos utriusque reipublicae cives his verbis: *τῶν τε ἰδιωτικῶν συμβολαίων αἱ κρίσεις ἐν ἡμέραις γιγνέσθωσαν δέκα, παρ' οἷς ἂν γένηται τὸ συμβόλαιον*, quae quamvis brevissima sint, plurima de civitatum condicione contineant, si voces *συμβόλαιον* et *κρίσις* recte intelligimus. *Συμβόλαιον* quidem id significat, quod pertinet ad *σύμβολον*, hoc autem, si de diversorum populorum conjunctione dicebatur, erat signum societatis et amicitiae inter eos initae, pacis instrumentum et pacis condiciones ipsae, quibus commercium et mercatura inter populos paciscentes introducta sunt una cum illa conventione, ex qua diversorum civium controversiae inde ortae dirimendae essent in rei patria et secundum illius leges. Hic igitur vox *συμβόλαιον* indicat, Romanos cum Latinis et vice versa quocunque modo potuisse contrahere, se obligare, et jura acquirere in judicioque defendere. Quum vero, si civitates hanc conjunctionem inierant, apud Graecos quidem actor rei forum sequeretur, apud Italos autem sons populo actoris tradendus esset, ibique judicium accipere deberet; Dionysius verba adjecit: *παρ' οἷς ἂν γένηται τὸ συμβόλαιον*, quae principium continent, quod ipso teste Dionysio [3])

3) Multis in locis (cf. II. 131. III. 138. V. 316. etc.) hoc principium testificatur, quod semper observatum esse videmus, quoties violatae civitatis legati ad res repetendas missi sunt, cf. Niebuhr l. l. I. 684. II. 236. Populus enim, ex quo reus erat, de cive suo cognoscere non poterat, quum saepissime

ab initio ubicunque inter Italos vigebat. Quae quum ita sint, αἱ κρίσεις nihil significant nisi judicum sententias, neque, si cum Dionysii verbis Aelii definitionem comparamus, dubitari potest, quin judices ad has causas dirimendas instituti fuerint recuperatores. Praeterea aliud testimonium, quod Festus [4]) nobis servavit, ad hoc foedus referendum esse videtur, ubi scriptum invenimus: „*Item in foedere Latino, pecuniam quis nancitor habeto, et si quid pignoris nancitor, sibi habeto.*" Quae quidem verba certissime confirmant, Latinos hoc foedere, si jus privatum respicimus, cum Romanis aequum jus accepisse et isopolitiae condicionem obtinuisse.

Quum igitur certum esse videatur, recuperatores ex foederibus ortos esse, quaeritur, quonam tempore primum introducti sint? Haec quaestio pro rerum natura atque ob testimoniorum penuriam accurate explicari nequit; tamen sine ulla cunctatione contendere possumus, recuperatores illo Cassii fodere multo antiquiores et jam diu apud Italiae populos munere functos esse, ita ut judicium recuperatorium neque Romanis neque Latinis neque alii populo proprium fuerit, sed Italorum consuetudine et moribus sensim sensimque introductum sit atque excultum. Minime enim ex Dionysii narratione colligere et contendere potes, recuperatores illo Cassii foedere a Latinis et Romanis excogitatos et inventos esse, antea vero neminem de iis cogitasse. Nam si hoc judicium poneremus tam repente institutum et hac tantum occasione evocatum, prorsus contra viam et rationem repugnaremus, quam Romani in jure constituendo et confor-

officium postularet, ut reus sive sons sive insons absolveretur, judices autem jurati hostem defensum et purgatum absoluturi esse, existimabantur.]

4) s. v. nancitor.

mando sequi antiquitus solebant. Tum vero ex iis, quae veterum scriptores de antiquissimis foederibus nobis tradiderunt, satis dilucide apparet, Italiae populos in controversiis inter se dirimendis ratione usos esse, judicio recuperatorio simillima [5]). Denique autem Romanorum historici et praecipue Dionysius, quum res illo tempore a Romanis gestas perscriberent, sine ulla dubitatione recuperatores commemorassent, si Cassii demum foedere hoc judicium introductum esset, quod memoratu dignissimum fuisset, quandoquidem hoc novum institutum ad civitatum condicionem rationemque, qua et bello et pace se invicem attingerent, maximam exercuisset vim [6]). Sed hac in re idem nobis accidit, quod in permultis juris institutis, quorum originem accurate explorare non pos-

5) Id aperte intelligitur, si locos, qui de legatis ad res repetendas missis agunt, comparamus cum Strab. geogr. V. 3. Dionys. Hal. II. 131. III. 138. 191. V. 316. VI. 345. 354. 357. 358. 415. Fest. v. recuperatio. Romani etiam, quum teste Polybio III. 22. 24. foedus cum Poenis inirent, eandem rationem ingressi esse videntur. cf. Huschke l. l. pag. 212. 213.

6) Attamen quaerendum esse videtur, quonam modo factum sit, ut Romanorum scriptores, quum Romanam antiquissimorum temporum historiam tam belli quam pacis enarrarent, silentio transirent recuperatores. Qua in re explicanda confugere non opus est ad illam causam solam, quam Huschkius l. l. p. 213. (is enim scriptores omnia, quae ad recuperationem pertinerent, tanquam levia praetermisisse dicit) defendit, nos vero in dubitationem vocamus. Quanquam enim si Livii rationem, quam secutus est in antiqua Romanorum historia enarranda materiaque eligenda (cf. Niebuhr l. c. II. 1—17. aliisque locis ubi de annalibus domesticis et maximis agit.) diligentius respicimus, similia quidem comprobare possumus, tamen scriptores saepissime recuperationem commemorasse videmus, siquidem in compluribus locis de fetialibus ad res repetendas missis agunt, qua de re ea conferantur, quae in paragrapho sepuenti explicabimus.

sumus, et quae tum demum scriptores meminerunt, postquam ab omni modo jam exculta sunt, ita ut saepissime aut magnum tantum temporis spatium statuere possimus, per quod instituti causae et principia orta sint, et institutum ipsum ad perfectionem magis magisque traductum sit, aut annus modo ponatur oporteat, ante quem legem quandam latam vel juris institutum excultum esse intelligimus. Quae quum ita se habeant, certum tempus, quo Romani recuperatoribus primum usi sint, reperire quidem nobis relinquendum, id autem pro certo statuendum est, recuperatores tunc temporis, quo Romanae historiae fidem tribuere possimus, jam diu usitatos fuisse.

Haec igitur nostra sententia de recuperatorum origine satis exposita, nonnullis veterum legum fragmentis [7]), quae nobis reservata sunt, adhuc illustratur. Sunt enim, quae exstant, fragmenta talium legum, per quas Romani vel de jure et condicione municipiorum coloniarumque aliquid constituerant, vel oppidis tribuerant jus liberarum civitatum, quarum condicio municipiis fere simillima erat [8]). Hae leges magistratus Romanos, qui juri dicundo praeessent, judicem recuperatoresve dare jusserunt. Id quod sine dubio ita intelligendum est, ut, si inter solos cives Romanos controversia fieret, semper judex ad litem dirimendam constitueretur, si inter Romanos et veteres municipes, aut praetor peregrinus Romae, aut si cum harum liberarum civitatum civibus litigaretur, magistratus, qui in illa provincia, ubi libera ci-

7) Frag. leg. Thoriae sect. I. v. 33. 34. sect. II. v. 22. 26. 30. (apud Goes. rei agrar. auct. pag. 333 seq.), frag. leg. Mamiliae cap. 5. (eod. pag. 339), Plebisc. de Thermensib. v. 43 (apud Dirksen Versuche zur Kritik und Ausleg. der Quellen des Röm. Rechts Abhdl. 4.), frag. leg. Gall. Cisalp. col. II. v. 23.

8) cf. Dirksen Versuche zur Kritik und Ausleg. Abhdl. 4.

vitas sita sit, juri dicundo praeesset, litigatoribus daret recuperatores.

CAPUT SECUNDUM.

DE IUDICII RECUPERATORII RATIONE ET NATURA.

§. 5.

Primam judicii recuperatorii naturam investigare conati, inprimis condicionem civitatum recuperatione foederatarum animo et cogitatione contemplemur necesse est. Recuperatio enim ex aequo foedere orta, ut supra illustrare studuimus, civitates, quae in pacem et amicitiam venerant, ita conjungebat, ut unam formarent quasi rempublicam, cujus tamen partes ita erant separatae, ut altera alterius imperio nullo modo subjecta, unaquaeque de propria civitate quid vellet constitueret. De rebus autem, quae ad communem utilitatem pertinebant, legatis ab unaquaque missis commune capiebant consilium. Ita hae conciones decernebant de bello alii populo inferendo, de militum numero, quos unaquaeque mitteret, quasque res ad bellum necessarias pararet, atque de belli imperio, si forte hac de re foederis leges nihil praescripserant; ibi de pace ejusque condicionibus consultabatur et de rebus, quas bello communi acquisiverant, dividendis; ibi victores triumphabant et consociatarum civitatum magistratus et sacerdotes pro communi salute faciebant sacrificia. Singulorum vero civium ex his foederatis civitatibus talis erat condicio, ut eodem quidem inter se gauderent jure privato, haberentque commercium, connubium et omnia jura, quae ex his orirentur, in una autem tantum republica omnia civitatis jura exercere iis liceret. Quum vero civitatum conjunctio esset intima, plenum civitatis jus in altera republica acquirere poterant, si in eam migrabant, qua ex migratione simul sequebatur, ut omnis ratio, qua priorem suam attingerent rempublicam, summoveretur et finiretur.

Qua civitatum condicione introducta, tam inter diversos cives quam inter civitates ipsas vel inter alterius reipublicae civem et alteram rempublicam quotidianae vitae usu et consuetudine controversiae suscitarentur oportuit, ad quas dirimendas quin judices foedere inter civitates convenerint, quis est qui dubitet? Sed hac in re investiganda nonnulla nobis inde occurrit difficultas, quod plurimae ac diversissimae controversiae inter foederatos moveri possent, et scriptorum testimonia de judicibus ad eas judicandas destinatis nos satis non doceant. De quibus haesitamus, quid fetialium, quid recuperatorum muneri tribuamus. Ab initio quidem fetiales omnes hujusmodi res ordinasse videntur, id quod ex Dionysio [1]) aperte nobis concludere licet, ubi de sacer-

---

1) II. 131. cf. Liv. I. 32. inprimis verba illa: „*quarum rerum litium causarum condixit pater patratus populi Romani Quiritium patri patrato priscorum Latinorum hominibusque priscis Latinis, quas res dari, fieri, solvi oportuit, quas res nec dederunt, nec fecerunt, nec solverunt, dic quid censes?*" quae palam indicant fetiales non solum egisse de pace et amicitia ineunda, de foedere faciendo et de bello inferendo, sed etiam jurisdictionem inter populos foederatos exercuisse. cf. Liv. XXXIV. 572. „*alterum (foedus), quum pares bello aequo foedere in pacem atque amicitiam venirent, tunc enim repeti reddique per conventionem res, et si quarum turbata bello possessio sit, eas aut ex formula juris antiqui, aut ex partis utriusque commodo componi;*" quae comprobare videntur foederatarum civitatum controversias eo adhuc

dotibus a Numa institutis agit et sic dicit: *longum esset omnia fetialium officia enarrare, in summa autem sunt haec: cavere ne Romani ulli foederatae civitati injustum bellum inferant; quodsi qua prior contra foederis condiciones aliquid commiserit, legatos agere, et verbis primo jus suum repetere. Quodsi dedignetur facere postulata, tum vero bellum ratum habere. Itidem si qui a Romanis illatam sibi contra foedus quaerantur injuriam, causam eorum cognoscere; et si jure quaeri comperiantur, sontes comprehensos laesis dedere; judicare item de legatorum injuriis; et dare operam, ut religiose serventur condiciones foederum; pacem etiam conficere, aut, si juxta sacras leges non esse facta videatur, irritam reddere, praeterea si quid imperatores contra jurisjurandi et foederum leges patraverint, cognoscere atque expiare.*" Postremo clarigationem diligentius perscribit. Quae si cum Aeliana recuperationis definitione et cum his Varronis [2]) verbis comparamus: „*itaque bella et tarde et nulla licentia suscipiebant, quod bellum nullum nisi pium putabant geri oportere, et prius quam indicerent bellum iis, a quibus injurias factas sciebant, fetiales legatos res repetitum mittebant quattuor, quos oratores vocabant,*" colligere possumus, fetiales pro diverso munere, quo fungerentur, diversum nomen accepisse, atque totum quidem sacerdotum collegium fetiales esse nominatos, singulos autem modo fetiales modo proprio quodam nomine appellatos, prout aut in universum diceretur, aut accuratius de collegii partibus in certa negotia destinatis, vel de quibus-

---

tempore nonnunquam secundum fetialium jus rite esse diremtas.

2) Verba nobis servavit Nonius Marcellus in libro de proprietate sermonum cap. XII. pag. 782. 783. (auctores linguae latinae adjectis notis Dionys. Gothofred. Colon. Allobr. 1622.)

dam fetialibus, quibus aliquod negotium solum esset mandatum [3]). Unde singula intelliguntur fetialium nomina inter se diversa *pater patratus*, *publicus nuntius*, *oratores*, *recuperatores*. De his quidem nominibus, ad quae probanda plurima afferre possumus testimonia, sententiam nostram unusquisque facile concedet; de recuperatoribus tantum fortasse dubitatio oritur. Tamen ea quoque removetur, si Aelianae definitionis verba *quomodo per recuperatores res reddantur recuperenturque* in memoriam vocamus. Hae enim res, rebus privatis oppositae, haud dubie tantum ad civitatem pertinent, et quum alias semper, si de his rebus agitur vel cognoscitur, fetiales vocantur, palam fit, fetiales quoque exstitisse, quibus recuperatorum nomen datum sit. Postquam vero Romani majorem vim et potentiam adepti externas nationes, quibuscum bella gesserant, fere semper imperio suo subjunxerant, jus sacrum in dies evanuerat atque devictorum civitates non amplius habebantur respublicae, sed alia corpora et collegia exstabant, ac plurimi veterum municipum vel cives facti vel Romanorum imperio subjecti erant: tum perraro tantum evenire poterat,

3) Nexum quendam inter fetiales et recuperatores exstitisse, jam Brissonius sensisse videtur, quia quum lib. V. de form. rationem referret, qua fetiales res repetiissent, haec Festi verba inseruit: „*recuperatio est, ut ait*" etc. E. Huschkius quoque l. l. pag. 215. recuperatores cum fetialibus comparavit et contendit, eos fetialibus quadamtenus similes fuisse, tantum quod illi pacis tempore ex foedere res recuperassent, hi, si ordinaria juris persecutio denegata esset, res repetiissent. Cui assentire minime possumus. Primum enim saltem verba *pacis tempore* omittere debuisset, quum fetiales ad res repetendas semper pacis tempore mitterentur, tum vero ad sententiam probandam nec veterum testimonium affert ullum, neque alio modo ex ipsis fetialium officiis vel foederatarum civitatum condicione nobis persuadere studet.

ut fetiales de illis rebus cognoscerent, sed eorum ritus et officia partim verbo tantum ac dicis causa observabantur, partim prorsus abibant, atque recuperatorum originis et primae condicionis obliviscebantur Romani, et veteris muneris reliquias in judicio privato ita obtinebant, ut recuperatores judices tantum privati esse viderentur. Quum autem de recuperatoribus solis hic nobis agendum sit, mittamus condicionem, quam fetiales apud Romanos obtinebant, eorumque munera, officia et jura investigare; id solum explorare studeamus, quomodo recuperatores cum iis cohaeserint. Antiquissimis quidem temporibus ita res se habuisse videtur. Quae lis cunque orta erat, fetiales ad res repetendas missi sunt, id est, ad eum populum, qui ipse, vel cujus cives obligationem non solverant aut in alterum populum alium injuriam fecerant, legati venerunt, qui postulata perorarent atque jus persolvi juberent. Quibus auditis municipes foederis legibus cogebantur, ut, si civitas ipsa foederatos laeserat, cum legatis de injuria reparanda convenirent [4]), sin autem cives contra Romanos aliquid commisisse vel Romanis jus non persolvisse videbantur, ut legatis traderent reos, qui apud Romanos judicium accipere et rem judicatam solvere vel poenas dare debebant. Atque hoc judicium apud Romanos de municipibus constitutum recuperatorium vocatum [5]) esse contendi oportet.

---

4) Si res ita eveniebat, legati Romani una cum foederati populi legatis rediisse videntur, ut domi cum peregrinis legatis conjuncti rem cognoscerent, qui omnes sine dubio recuperatores vocabantur; id enim sequitur ex antiquo juris principio, quod inter Italiae populos vigebat (cf. supra §. 4. not. 3.) atque ex Aelii verbis: *quomodo per recuperatores res reddantur recuperenturque.*

5) Quum serius nullae paene aliae controversiae inter cives et

§. 6.

His ita comparatis quaeritur, quonam modo Romani judicium de municipe constituerint? In iis primum agamus de magistratibus et judicibus, qui munere functi sint, tum de procedendi ratione et judicii solennitatibus, dein de re judicata. Jam primum de antiquissimis temporibus, quorum nullam fere certam cognitionem habemus, inter omnes constat, jus sacrum et sacerdotum ritus tum apud Romanos quum apud alios antiquitatis populos omnes res et publicas et privitas ordinasse. Tum vero quum prae omnibus jus civile Romani maxime excolerent atque ad civium utilitatem ita semper conformarent, ut cives publica auctoritate jura persequi ex iisque fructum capere possent, a rerum Romanarum initio jus sacrum ad res judiciarias plurimam exerceret vim necesse erat, et optimo jure suspiciari licet, sacerdotes quoque tunc fuisse judices. Sane eo repugnare posses, quod nobis traditum sit, primis temporibus regem pro tribunali sedisse et causas cognovisse [1]). Haec tamen illam sententiam non refutant. Primum enim, ut rex solus omnes controversias composuerit, fieri non potuisse apparet. Namque etsi multa alia regis negotia non respicimus, patres familias judicio domestico plurimas diremerunt lites [2]), aliae judicibus compromissariis

---

peregrinos adductae et diremptae sint, factum est, ut posterioribus temporibus modo judices in hoc judicio vel in eo, quod ex hoc ortum aut ad ejus speciem formatum sit, recuperatores nuncuparentur. Quanquam adhuc anno 581 u. c. veteris latioris significationis vestigia invenimus, quum in Hispania quinque recuperatores de crimine repetundarum cognoscerent (Liv. XLIII. 2.).

1) Cic. de rep. II. 21. V. 2. Dion. Hal. X. 627. L. 2. §. 1. D. de orig. jur. (I. 2.) Niebuhr I. 382.

2) cf. Zimmern l. l. I. §. 140. 179. 181, et loci ab eo laudati.

aut jurisjurandi religione [3]) compositae sunt, atque illa causarum dirimendarum ratio per legis actiones, qua Romani jam diu ante liberam rempublicam haud dubie utebantur, ad regis munus minime referenda est, quoniam sacramenti actio, omnium legis actionum vetustissima [4]), certe apud pontifices instituebatur. Veteres enim nobis tradiderunt, ab initio sacramenti summam apud pontifices esse depositam [5]). Huc accedit, ut reges ipsi primis illis temporibus de multis rebus liberum non obtinuerint arbitrium et saepissime sacerdotibus obedire debuerint, id quod praeclare comprobat fabula, quae de Atto Naevio augure narratur. Quae quum ita sint, munus regis judiciale ad id restringendum est, quod litigatoribus ad ejus judicium provocare liceret, et rex in illis causis, quae a patriciorum concionibus cognoscendae erant, judicium cogeret et concionibus praeesset. Si hanc igitur rerum judiciariarum condicionem et naturam cum iis comparamus, quae supra de fetialibus explicavimus, unusquisque nobis concedet, eos judicio de municipe interfuisse. Modum autem, quo hoc factum sit, investigare ob testimoniorum penuriam prohibiti sumus, ita ut divinemus tantum liceat, fetiales in judicio recuperatorio magistratus partes suscepisse et litigantibus recuperatores dedisse; an vero hi judices ipsi fuerint fetiales, equidem

---

3) Saepissime controversiae jurejurando finitae esse videntur, quum jusjurandum per totam antiquitatem sanctissimum haberetur (Cic. de off. III. 31. Gell. VII. 18.) atque jurisprudentiae excultae temporibus quamlibet litem finire posset. (L. 3. 9. 11. 13. 14. 23. 25. 26. 28. 29. 30. 39. 42. D. de jurejur. s. voluntar. s. necess. s. judic. XII. 2.)

4) Sacramenti actionem ceteris omnibus legis actionibus antiquiorem esse, jam inde apparet, quod Gajus primum de ea agit, et propterea quod tam erat generalis, ut hac ratione omnes lites dirimi possent.

5) Varro de L. L. V. 36. cf. Zimmern l. l. III. §. 33. 38.

decernere non audeo, quanquam de eorum electione nonnulla ex veterum libris colligere possumus. Nam si judicii historiam et originem animo reputamus, judicium, etsi de rebus privatis institutum, quasi publicum fuisse videmus, quoniam uno cive laeso tota respublica laesa et foedus, nisi injuria repararetur, ruptum esse videbatur. Quum autem semper apud veteres Romanos id juris principium observatum inveniamus, ut de causa publica judicaret concio, supponendum est, haec inter diversarum civitatum cives judicia in eo non offendisse, atque aut concionem aut alios quosdam, qui reipublicae partes susciperent, in judicio recuperatorio cognovisse. Posteriorem rationem secutos esse Romanos ex veterum scriptis nobis comprobari posse videtur. Nusquam enim traditur, populum ipsum de causis recuperatoriis judicasse, sed semper recuperatores judices nominantur. Est igitur quaerendum, quomodo recuperatores reipublicae partes egerint, quum privati talem causam perficere nullo modo potuissent. Qua in re exploranda numerorum ratio, cujus vim et effectum per totam antiquitatem Niebuhrius compluribus locis praeclare demonstravit [6]), ad rectam viam nos ducet. Quae quum ita sint, ut recuperatorum numerum in quaestionem vocemus convenit. De tribus quidem recuperatoribus Cicero [7]) et Livius [8]) loquuntur, quorum unus [9]) etiam de quinque, omnes autem ceteri nunc de eorum quadam pluralitate [10]), nunc de uno tantum recuperatore [11]) agunt. His ita compara-

---

6) I. 272. 273. 332—334. 354. 375—377. 385. 386. 490. 573. 601. II. 21—32. 54. 55. 93—98.

7) act. in Verr. III, 12. 21. 50. 60.

8) XXVI. 48.

9) Liv. XLIII. 2.

10) cf. §. 7. not. 3.

11) cf. §. 7. not. 1.

tis colligi potest, plures recuperatores usitatos fuisse, et re diligentius considerata tres ab initio semper constituendos fuisse ponamus necesse est. Omnes enim res, quae a populo ipso ordinandae et discernendae erant, aut in concionibus disceptabantur, aut magistratibus, aut aliis, qui reipublicae partes suscipiebant, mandabantur. Quodsi igitur alii de rebus publicis cognoscebant et populi vices obtinebant, eorum numerus responderet necesse erat rationi, qua populus dividebatur. Quum autem antiquis temporibus Romani populi, ex intima Ramnium, Titium et Lucerum conjunctione orti, triplex esset divisio, hae quoque tres partes judicii recuperatorii participes essent opportebat. Accedit, quod patriciorum gentes cum Latinis [12]) foedus icerant, quo judicium erat institutum, et uniuscujusque [13]) intererat, ne judices iniquam ferrent sententiam, ideoque foedus violaretur. Unde sine dubio factum est, ut tres eligerentur recuperatores, unus ex quaque tribu. Plebejis ab initio judicii aditus non patuit [14]), quoniam judicium recuperatorium

---

12) Pariter apud omnes Latinorum gentes divisionem tripartitam invenimus, et omnis ratio atque condicio apud eos triplex fuit. cf. Niebuhr II. 17—43. Quodsi inter utrumque populum aequale judicium instituendum erat, quid aptius esse poterat quam tres judices?

13) Fortasse inde dubitatio moveri potest, quod Luceres tempore, quo recuperatores instituti sunt, eandem cum Ramnibus et Titiensibus juris condicionem non obtinebant, inprimis quum ii creari non potuisse viderentur fetiales. (Niebuhr I. 336.) Omnis autem dubitatio repellitur, si reputamus, de fetialium collegio pauca tantum et perquam obscura nobis tradita esse, et Luceres cum ambabus aliis stirpibus eodem jure gavisos esse privato.

14) Nonnulli viri docti (Zimmern l. l. III. §. 9. Huschke l. l. pag. 240.), qui de recuperatoribus copiose disseruerunt, crediderunt, quemvis Romanum, quum peregrini ipsi recuperatores creari potuissent, arripere et judicio praeficere magi-

publici juris pars videbatur, quod tunc minime ad eos pertinebat, quum ne aequum quidem jus privatum cum patriciis haberent; dein quoniam patricii formabant populum, qui Latino foedere judicium introduxerat. Quonam igitur modo fieri potuisset, ut patriciorum subjecti de municipibus, qui illos aequabant dignitate, judicis munus exercerent?

§. 7.

Restat nunc, ut de iis locis disseramus, qui unius tantum recuperatoris meminerunt [1]). Qui quum pro magna parte facillime et recte quidem, ut videtur, ita explicandi et interpretandi sint, ut unus ex pluribus recuperatoribus intelligatur [2]), contra testimoniorum multitudinem, quae de pluribus recuperatoribus agunt [3]), nihil

---

stratibus licuisse. Quae quidem sententia et vera et falsa esse videtur. Namsi eam de antiquissimis temporibus defenderemus, toti rerum Romanarum rationi et colori repugnaremus, de serioribus autem temporibus, postquam plebs publicae auctoritatis partem sibi expugnavit, et summos in republica honores adepta est, contendendum est, plebejos quoque recuperatores fieri potuisse, propterea quod nunc populus Romanus Quiritium, non patriciorum populus, foedera icebat, ideoque foederati et patriciorum et plebejorum municipes fiebant.

1) Cic. or. pro Caecin. 3. 21. act. II. in Verr. III. 11. 29. 49. 60. Lactant. inst. III. 20.

2) Id jam dudum viri docti statuerunt. Sic Heraldus observ. ad jus Att. et Rom. V. c. 14. n. 15. Zimmern l. l. III. §. 17. not. 17. Huschke l. l. pag. 248. 249.

3) Formulam, qua recuperatores constituebantur illam: „*recuperatores sunto*" Gajus IV. 46. nobis tradidit, qui saepissime eos uni judici opponit IV. 104. 105. 109. 141. nec minus Cicero in Verr. III. 58. et lex Thoria sect. I. v. 33. 34. sect. II. v. 22. 25. Praeterea Cicero orationes pro Caecina et pro Tullio coram pluribus recuperatoribus habuit, semper enim judices alloquitur recuperatores, pro Caec. 1. 2. 4. 9. 11—15.

probant. Paullo tamen plus difficultatis afferunt fragmenta legis Thoriae [4]) et legis multatitiae [5]), in quibus tot verba desiderantur, ut certam sententiam constituere non possimus, quam ob rem equidem Huschkio [6]) in his explicandis omnino assentire nolim. Facile enim cogitari potest, Romanos foederibus cum externis populis, quibus illa tripartita divisio nihil valebat, id convenisse, ut civibus agentibus unus tantum recuperator daretur; aut quum haec foedera quasi recuperatoria tam seris temporibus icerentur, quibus Romani illa numerorum dominatione sese jam liberassent, cautum esse a Romanis, ut in ordinariorum et vulgarium judiciorum speciem ad lites componendas unus recuperator constitueretur. Judex autem in sensu stricto illum significat [7]), qui Romae e selectorum decuriis ad causas dijudicandas a praetore dabatur; omnes tamen judices, qui extra primum urbis Romae miliarium neque ex selectorum numero accipiebantur, recuperatores vocati sunt [8]). Quum igitur usu receptum esset, ut qui extra urbem juri dicundo praeessent, peregrinis etiam litigantibus unum tantum judicem darent, illa legum fragmenta de uno recuperatore locuta

25. 27. 29—32. 35., pro Tull. 1. 5. 12. divin. 17. Gell. XX. 1. Suet. in Nero. 17. Domit. 8. etc.

4) Sect. II. v. 26.

5) v. 19. 20.

6) Is l. l. pag. 249. 250. suspicatur, de negotio aliquo legem Thoriam locutam esse, quod non nisi ab uno recuperatore de ceterorum sententia procurari potuisset: sicut in judicio, cujus Liv. XXVI. 48. meminerit unus recuperatorum Scipioni aliquid renunciasse dicatur.

7) cf. Zimmern l. l. III. §. 17. Huschke l. l. pag. 241—243.

8) Eodem modo quinque senatores et quinque equites Romani puberes ex lege Aelia Sentia Romae ad consilium manumissionis adhibiti et judices appellati sunt, viginti autem illi cives consilii manumissionis in provinciis nominati recuperatores.

esse videntur. Quae utcunque se habeant statuendum est, recuperatorio judicio ab initio id proprium fuisse, ut tres ex quaque tribu electi simul judicarent, de quo postea fortasse in singulis tantum causis decessum sit. Romani enim postquam cum exercitibus victoribus in dies longius progressi sunt ac tot gentes earumque mores et consuetudines cognoverunt, neque commercium in exiguum Romae gyrum amplius compulsum fuit, sed negotiorum celebritas et frequens mercatura peregrinorum multitudinem Romam attraxit, denique postquam tota Romanorum vita admirabilem varietatem alacritatemque et summum vigorem adepta est: Romani, dico, tunc ab antiqua majorum severitate recesserunt, illo inter patricios et plebejos sublato discrimine patres non amplius soli regnarunt res publicas, sed plebeji quoque ad honores ascenderunt, reipublicae condicio et ratio sensim mirifice et optime reformata est, rigidum et inhabile jus sacrum cessit juri civili ad vitae usum aptissimo, proprii magistratus, ut jurisdictioni praeessent, creati sunt, qui jus civile in civium utilitatem secundum juris gentium aequitatem conformabant et faciliorem temporibusque accommodatam per formulas rationem litigandi inveniebant. Quum igitur illa magna et gravi auctoritate orbaretur jus sacrum, sacerdotes jurisdictionem non amplius obtinere potuerunt, et magnam prae se fert veritatis speciem, civium magistratus jam circa id tempus, quo primus consul plebejus et primus praetor factus est, judicium recuperatorium constituisse; tum autem, quum lites in tantam multitudinem crescerent, ut unus praetor amplius non sufficeret, pro certo habendum est, praetorem peregrinum judicium recuperatorium dedisse, eique fetiales vel omnino non interfuisse vel modo reum tradendum a municipibus petiisse. Quo munere raro tantum vel fortasse nunquam opus fuit, quoniam quum municipes Romae legitimam standi in judicio personam haberent, et aliis quoque peregrinis Romani jura jam tribuerent, municipes et peregrini, si Romae erant, ad judicium accipiendum cogebantur [9]), et quoniam municipes quidem, si Romani apud eos jura sua in judicio persequi volebant, pro civitatum conjunctione Romanis justum constituere debebant judicium, peregrini autem, ne Romanorum auctoritatem contemnerent neque eos ad bellum incitarent, Romanis agentibus aequum jus negare non poterant [10]).

Praeterea hoc tempore illud juris principium „*actor rei forum sequi debet*", quod imperatoribus regnantibus perpetuo valebat, primum ortum est [11]), ita ut actor Romanus cum reo Latino [12]) apud Latinos litigare et ab iis judicium recuperatorium accipere posset, et vice versa si Latinus actoris partes suscepisset, Romani darent recuperatores Romanos [13]), dum antea semper actoris populus de municipe judicium constituebat. Sed quum Roma

---

9) cf. Zimmern l. l. III. §. 26.

10) Ad quod accedit, ut hoc tempore perpauci tantum exstarent, qui veterum municipum jure gauderent, omnes autem alii peregrini, qui cum Romanis conjuncti essent et cum iis negotiarentur, majestatem populi Romani comiter colere deberent. Cf. Niebuhr l. l. III. 618. 619. et loci ab eo laudati.

11) Id certissime intelligitur ex Cic. act. II. in Verr. II. 13. „*quod civis Romanus a Siculo petet, Siculus judex datur, quod Siculus a cive Romano, civis Romanus datur.*"

12) Latinus hic intelligendus est pro omnibus municipibus.

13) Qua quidem ratione recuperatorum constituendorum in rebus privatis sine dubio mox usi sunt Romani, quum aequitati et utilitati, quam semper expetebant Romani, maxime responderet; alteram autem rationem antiquissimis tantum temporibus apud veteres scriptores invenimus, qui solum fere principium neque ejus usum et exercitationem nobis tradiderunt; quare colligere possumus, morem, quo fetiales ad reum tradendum missi sint, jam antiquis temporibus abolevisse.

prae omnibus municipiis, quorum nonnulla civitatis jus acquisiverant, mox gloria et potentia excelleret et alii populi, quibuscum Romani commercium quoddam habebant, Romanorum imperio quodammodo subjecti essent, lites inter cives et peregrinos pro maxima parte Romae esse decisae, immo peregrini, qui Romae commorabantur et inter se litigabant, ad Romanorum jurisdictionem libenter confugisse videntur, quam ob causam Romani moti sunt, ut praetorem crearent, qui tam inter cives et peregrinos quam inter peregrinos solos jus diceret. Eodem modo, quo magistratuum munus, imperium et auctoritas sese conformabant et amplificabant, sacerdotes rerum civilium gubernatione demovebantur eorumque officia et munera ad solas res divinas et sacras coercebantur; quo factum est, ut magistratus, qui juri dicundo praeessent, ea quoque judicia sensim sibi vindicarent, in quibus antea, quum ex jure sacro orta essent, sacerdotes cognoverant. Itaque contendere possumus, consules quidem jam ab initio nonnunquam judicium recuperatorium constituisse, praetore autem creato eum omnia judicia dedisse, et praetore peregrino adhuc instituto proprium hujus munus fuisse, ut peregrinorum causas ordinaret. Quam ob rem equidem sententiam ab Huschkio [14]) defensam, ex quo peregrinorum in judicio standi persona in fictione quadam fundata esset, minime probare possum. Quum enim primum peregrini ex foederibus aequum cum Romanis jus ita accepissent, ut populus Romanus omnia jura et obligationes, quae ex commercio et connubio cum his peregrinis orirentur, agnoscere deberet, agnoscendi autem ratio nonnisi judicio fieri posset, peregrinos cum Romanis et hos cum illis legitime agere liceret necesse erat. Jure igitur magis perpolito, non-

14) l. l. pag. 216. 217.

nullis juris gentium principiis receptis et judicio recuperatorio ad ordinariorum judiciorum speciem reformato, quin peregrini Romae legitimam in judicio standi personam habuerint, quis est, qui dubitet? Praeterea ex locis ab Huschkio laudatis ipsius de civitatis fictione sententia, ut mihi videtur, colligi et satis explicari non potest. Primum enim Cicero [15]) de juris fictione non loquitur, sed Verri obtrectat diversa hominum jura in Sicilia non observasse et cuique ita jus dixisse, uti proprium commodum suasisset, itaque tractasse modo Romanum tanquam esset Siculus, modo Siculum tanquam Romanum. Deinde Gajus [16]) exemplum profert, quo per fictionem ad peregrinos civilis porrigitur actio, cujus requisita et effectus juri Romano tam propria erant, ut alia ratione ad peregrinos referri non possent. Denique si statuimus, solam fictionem effecisse, ut peregrini Romae jus in judicio persequi possent, sequitur, ut totum fere praetoris peregrini officium ex fictione sit ortum, id quod a veritate haud dubie longe aberrat. Itaque praetor peregrinus creatus ordinarius erat magistratus, qui recuperatores dabat, postea vero praetor urbanus, qui modum litigandi a peregrinis saepe ad cives deferebat, in singulis causis recuperatores se daturum edixisse videtur. Praeterea in coloniis praeter magistratum ordinarium, qui ibi juri dicundo praeerat, invenimus recuperatores dedisse et addixisse eum, qui agros assignandos curare debebat, et hanc ob causam *curator* appellabatur [17]).

---

15) Act. II. in Verr. II. 12.

16) IV. 37.

17) Lex. Mamil. cap. 5. W. Goesii antiquitatum agrariar. lib. singul. cap. 4. p. 27. post ejus rei agrariae auctores. Cave igitur, ne hunc curatorem confundas cum curatoribus seu quinquennalibus, qui in Italiae oppidis eo functi sunt munere quo Romae censores. Cf. Savigny Geschichte des Röm. Rechts im Mittelalt. tom. I. §. 15.

§. 8.

His de eo, qui recuperatores dedit, dictis ad rationem veniamus, quae hoc seriore tempore in recuperatoribus constituendis observata est. Primum igitur quaeritur, quinam eligi potuerint recuperatores. Quum totum judicium a stricto jure civili perquam abhorreret et solam juris gentium, unde ortum erat, aequitatem sequeretur, unusquisque huic muneri praeesse potuit. Mox enim ab illa antiqua eligendi ratione recessum esse videtur, et plebeji publica auctoritate imperiique parte quadam expugnata recuperatores facti sunt, quum populi foederati non amplius Patrum, sed populi Romani Quiritium essent municipes, inter quos judicia recuperatoria constituta essent; ille autem recuperatorum numerus propria notione ac significatione amissa retentus est, quem a majoribus traditum antiquitas sacraverat. Quare quae viri docti de libero magistratuum arbitrio in recuperatoribus eligendis dixerunt [1]), si ad hoc tempus referuntur, vera esse contendimus. Ex judicii enim et rerum Romanarum ratione et commutatione sequitur, ut recuperatores omnino ex libero arbitrio lecti sint, praetor tamen et rei condicionem et litigatorum voluntatem ponderaverit atque aequitas ipsius fuerit dux [2]), quanquam testimonia, quae hic laudari solent, rem non explanant. Nam ex Polybii [3]) verbis ab Huschkio laudatis nihil concludi potest; et Plinius [4]) dicit tantum, recuperatores quam celerrime esse datos; Ciceronis autem locus [5]) eodem

---

1) Zimmern l. l. III. §. 9. Huschke l. l. pag. 240. seq.

2) Per totam fere in Verrem actionem Cicero Verri objurgat, quod in recuperatoribus dandis aequitatem postposuisset et prorsus omisisset.

3) VI. 17.

4) Ep. III. 20.

5) Divin. 17.

fere modo intelligendus est. Enarrat enim, Q. Caecilium Siciliae quaestorem, quum ei Agonidis res renuntiata esset, extemplo vocari ad se Agonidem jussisse et protinus judicium recuperatorium dedisse. Neque ex Livii [6]) verbis, quae viri docti laudant, certi aliquid de recuperatorum eligendorum ratione colligi posse videtur. Refert enim Q. Trebelli et Sext. Digitii contentionem de corona murali, unde Huschkius, quum quaerat, cur magistratus in judiciis recuperatoriis constituendis decesserint a more unius judicis dandi, quem majores in judiciis privatis tradiderint, concludit et nobis persuadere vult [7]), ab initio magistratus consuevisse, unum vel plures recuperatores ab utroque litigatore electos addicere et unum adhuc addere; id vero idcirco factum esse, quod in peregrinorum causis unus judex aequus facile reperiri non posset. *Sive enim peregrini hospes judicium susciperet, officii rationem, sive ignotus quidam, erga civem studium, judicis fidem alterutri parti suspectam reddere, si igitur uterque litigator unum vel plures eligeret, quibus magistratus unum de medio adjiceret, tam studia judicum ab utraque parte lectorum misceri, quam in sententia pronuncianda suffragiorum paritatem vitari.* Quae quidem sententia, quum primo adspectu valde placeat et judicii naturae rationique congruere videatur, accuratius si investigatur, in vanitate sua apparet, et nunc a nobis refellenda est. Primum enim magistratuum formula et jusjurandum, quod judex peregerat, partes quodammodo ab injuria tuebatur. Tum vero etiamsi concederemus, cavendum fuisse, ne judex jurisjurandi religione

6) XXVI. 48. F. J. Stahl inde potissimum collegisse videtur, recuperatores non nisi de factis decrevisse. (Ueber das ältere Röm. Klagerecht pag. 17. München 1827. 8.).

7) Huschke l. l. pag. 245.

neglecta in alterius partis favorem iniquam sententiam pronunciaret, illa tamen plures judices eligendi ratio, quam Huschkius docet, partes non defendisset; semper enim tertius vel quintus recuperator a magistratu datus vel peregrini hospes vel ignotus quidam fuisset, et in alterutrius ligitatoris favorem sententiam dixisset, cui dimidia reliquorum recuperatorum pars certe assensisset. Inde quum major suffragiorum numerus decideret, sententia pariter iniqua prodiisset. Dein si litigatorum uni unus tantum recuperator suspectus videbatur, quum antiquitus omnibus litigantibus plena esset judicis rejiciendi potestas, is recusari poterat [8]. Postremo vero ex illo Livii loco quae sit cunque de eligendi ratione regula construi non potest, quia Scipio modo sic agebat, uti maxime cum re conveniebat. Uterque enim miles gloriae et honoris cupidus se primum muros ascendisse, sibi coronam muralem deberi contendit, utrique magna commilitonum turba aderat et conclamabat, ita ut contentio prope seditionem veniret. Scipio, qui neutrum offendere studebat, rem, quasi esset lis, finiendi consilium cepit et recuperatores se daturum pronunciavit, „*C. Laelio et M. Sempronio advocatis partis utriusque P. Cornelium Caudinum de medio adjecit, eosque tres recuperatores considere et causam cognoscere jussit.*" Hic maximi momenti sunt verba: „*advocatis partis utriusque*" et „*de medio adjecit.*" Quod primum attinet ad *partem utramque,* his verbis non solum Trebellius et Digitius significantur, sed ex una parte omnes socii navales et ex altera tota legio quarta, quum coronae muralis honor vel

8) Nam etiam ad judicia recuperatoria haec Ciceronis verba referenda sunt: „Neminem voluerunt majores nostri non modo de existimatione cujusquam, sed ne pecuniaria quidem re minima esse judicem, nisi qui inter adversarios convenisset. pro Cluent, c. 43. cf. Zimmern l. c. §. 8.

ad omnes socios vel ad totam legionem pertineret, et ambae exercitus partes de majoris virtutis laude dimicarent, id quod ex tota Livii narratione apparet. Itaque sociorum rem C. Laelius, eorum praefectus, legionariorum autem M. Sempronius, horum praefectus, gerere debebant, et a militibus advocabantur. Quae quum ita sint, Laelius et Sempronius erant, ut ita dicam, Digitii et Trebellii advocati, minime autem a litigantibus electi vel sumpti judices [9]), ita ut Scipio eos addixisset. Scipio vero hos una cum tertio quodam recuperatores constituit, ut utriusque causa accurate et severe enarrari et decerni posset; *Cornelium de medio adjecit*, i. e. eum, qui neque ad socios neque ad legionem quartam pertinebat. His ita explicatis, quum tota res minimam litis speciem ferat, unusquisque nobis concedet, ex hac Livii narratione de judicum eligendorum ratione, quam Romani in judiciis recuperatoriis observarint, nihil colligi posse.

§. 9.

Redeamus nunc ad antiquissima tempora et principalem primamque procedendi rationem in judicio recuperatorio enarrare studeamus. Quum autem hac de re fere nihil in veterum libris reperiamus, omnia, quae proferamus, ex judicii origine ex juris et praecipue rerum judicialium condicione et natura apud veteres Romanos exploranda esse videntur. Itaque rem, uti nos de ea persuasi sumus, explicabimus, quanquam, num ab omni modo vera sint, ipsi decernere non audemus. Primum quidem admonendum est, recuperatores de omnibus cau-

9) Atque nusquam in veterum libris inveni dicendi rationem hanc: judicem vel recuperatorem advocare pro „aliquem judicis munere fungi jubere."

sis inter Romanos et municipes adductis judicare potuisse [1]). Id enim apparet ex ipsa municipum condicione, quae iis invicem dabat commercium et connubium, quum jura, quae inde orirentur, judicio defendi possent necesse esset [2]). Si igitur municeps civi Romano jus non persolverat vel aliam injuriam attulerat, Romanus ad fetiales ivit et dixit se laesum esse et jus suum a municipe petere velle. Tum fetiales ad municipes miserunt legatos, qui civis postulata solennibus verbis perorarent et municipes satisfacere aut reum tradere juberent. Quibus peractis legati aut reum secum reduxerunt ad judicium accipiendum [3]), quod fetiales constituebant, dum tres, unum ex quaque tribu, dabant recuperatores. Quonam autem modo hi litem dirimebant? Quum partim solennis litis contestatio juri Romanorum civili tam propria esset, ut civis solus agere posset, partim res, de qua agebatur, tum apud fetiales quum apud municipes jam praefinita esset, statuendum est, hoc solenne litis initium judicio non antecessisse, quanquam alii ritus et solennia verba antea tam apud fetiales quam apud municipes peracta fuerint, quoniam omne fetialium jus perquam erat solenne. Itaque lite proprio quodam modo contestata, recuperatores judicare jussi sunt et certiores facti de iis, quae apud fetiales peracta erant, et de ratione, quam in causa judicanda observarent. Recuperatores dati statim judicum munus suscepisse et quam ce-

1) Id ex locis Festi v. *recuperatio* et v. *nancitor* cum Dionys. Hal. II. 131. et Liv. 1. 32. XXIV. 57. (supra §. 5. not. 1.) comparatis palam intelligitur.

2) Cf. supra §. 7.

3) Cf. Aelii Galli verba *quomodo per recuperatores res reddantur recuperenturque resque privatae inter se persequantur* et Dionys Hal. II. 131. III. 138. 186. V. 316. et supra §. 5. in fin.

lerrime rem ad finem perduxisse videntur[4]), quia judicii tempus brevissimum praestitutum erat. Hoc enim non solum aequitas, quae in judicio recuperatorio semper valebat, postulabat, quia municeps reus per judicii tempus apud Romanos commorari debebat, sed etiam sanxerant foedera, quae judicium introduxerant. Quum vero in Cassii foedere Latino[5]) decem dierum spatium ad litem inter foederatos judicandum destinatum inveniamus, quaeritur utrum hoc spatium solum ad judicia inter hos foederatos, an ad omnium municipum judicia referendum sit? Si animo reputamus municipum condicionem ortam esse ex Romanorum cum Latinis conjunctione, qui simillimo jure et eadem triplice et decupla divisione utebantur, contendere possumus, breve judicii tempus apud Italos solitum esse, et hoc certum judicandi spatium inter municipes ab initio convenisse posteaque semper esse observatum.

Recuperatores igitur in eum modum, quem fetiales iis praescripserant, rem quaesiverunt et explorarunt, qui sine dubio litigandi rationi per formulas erat simillimus[6]). Nihil enim rationis video, quod hanc senten-

4) Plin. ep. III. 20. Gaj. IV. 185. Ciceronis quoque divin. 17. „*judicium dat statim . . . . judicant recuperatores*" hic laudari solet, sed haec verba, quum non ad ipsius judicii festinationem referenda esse videantur, parum comprobant, quanquam fortasse demonstrant, totam rem celeriter pertractatam esse; at tota ejusdem oratio pro Caecina rem a recuperatoribus dijudicandam festinandam fuisse docet, nec minus totum orationis pro Tullio fragmentum, inprimis autem §. 10. „. . . . . . *et recuperatores dare, ut quam primum res judicaretur.*"

5) Cf. supra §. 4. et loci ibi laudati.

6) Quum seriori tempore recuperatoribus constitutis formulae datae sint (Gaj. IV. 46.) et veterum scriptores non referunt, hoc antea alio modo factum esse, contendere possumus, jam

tiam infirmare possit, quum pro certo statuendum sit, judicia recuperatoria legis actionum tempore jam longe ante formulas usitata esse, et veterum scriptorum nullus, quanquam ipsas legis actiones diligentius perscribebant, de antiqua judicii ratione verba fecerit. Nobis tamen persuasum esse oportet, recuperatores verbis, quibus fetiales judicium constituerint et judicandi viam demonstraverint, non tam arcte sese adstringere debuisse, quam postea judices in legitimis judiciis, quae sine dubio arbitriis antecesserunt, sed aequitatem secutos esse, propterea quod municipibus, quibuscum Deorum auctoritate sese conjunxerint Romani, aequum jus reddere debuerint. Porro nonnunquam numerum decem testium, qui in judicio recuperatorio adhibebantur [7]), viri docti [8]) in judicii accelerationem definiunt. Quam equidem rem, quanquam hic certus numerus etiam efficere potuerit, ut judicium celerius finiretur, alio modo explicare velim. Sane quidem quum Romani ab antiquissimis temporibus in testium probatione non eorum numerum spectarent, sed ut iis, quae

ab initio coram recuperatoribus per certas formulas disceptatum esse. cf. Zimmern l. l. III. §. 17.

7) Legis Mamiliae caput V. ubi, posteaquam de recuperatoribus dandis cautum est, additur: „*inque eam rem is, qui hac lege judicium dederit, testibus publice duntaxat decem denuntiandi potestatem facito, ita ut e republica fideque sua videbitur.*" Edicti perpetui fragmentum quod Valerius Probus (de not. Rom. apud Gothofred. auct. L. L. p. 1477) ita nobis tradidit: Q. E. R. E. T. P. I. R. D. T. Q. D. D. D. P. F. i. e. *quanti ea res erit, tantae pecuniae judicium recuperatorium dabo testibusque duntaxat decem denuntiandi potestatem faciam.*" Cicero quoque in orat. pro A. Caecin. cap. 9. in judicio recuperatorio decem testes et quid dixissent refert.

8) Huschke l. l. pag. 222. Zimmern l. l. III. §. 17. not. 6.

testes affirmassent, judici facti veritas persuaderetur [9]), judex improbus semper causam litis producendae habebat, si pronunciabat testium relationem nondum sibi satisfacere, sin autem decem testibus plures postulare non poterat, occasio producendi omnis erat remota. At hoc de testium numero principium ad judicii accelerationem haud multum attulisse videtur, siquidem in plurimis judiciis jam duo testes idonei suffecerint [10]). Quam ob rem decem hi testes judicii proprietatibus et solennitatibus adscribo. Is enim numerus maxime accommodatus erat congruebatque illi antiquo tempori, quo judicium recuperatorium ita constituebatur, ut in eo patriciorum vel Latinorum populus judicis munere fungi videretur. Tres recuperatores tribus populi tribubus, decem testes decem senatus decuriis respondebant [11]). Quum enim quaeri possit, unde factum sit, ut decem ad hoc judicium adhibendi fuerint testes neque alius quidam numerus, neque Romani simili modo de aliis judiciis aliquid statuerint, et unde factum sit, ut in illis duobus locis eadem dicendi ratio haec observata sit: „*testibus duntaxat decem denunciandi potestatem facere*;" facillime haec summoventur et explicantur, si hunc testium numerum judicii proprietatibus solennitatibusque adnumeramus atque ab antiqua judicii origine deducimus.

Sine dubio vero recuperatores semper eam pronunciarunt sententiam, quam, nisi omnes in eandem ire poterant, major eorum pars dixerat, quoniam etiam in ju-

9) L. 2. L. 3. pr. §. 1. 2. L. 21. §. 3. D. de testib. (XXII. 5.).
10) L. 12. D. de testib. (XXII. 5.).
11) Id legis Mamiliae verbis comprobari videtur his: „*testibus publice duntaxat decem denuntiandi potestatem facito, ita ut e republica fideque sua videbitur.*" Quam ob causam hi decem testes fortasse non solum erant testes ad rem probandam adhibiti sed etiam solennes.

dicio centumvirali idem observabatur[12]), et apud omnia collegia jure Romano hoc principium de sententia ferenda invenimus[13]).

Haec fere sunt, quae de veteris judicii ratione divinare possumus. Quod autem attinet ad rem judicatam sententiaeque vim et effectum, municeps damnatus obligatus erat judicatum solvere et sine dubio tam diu apud Romanos commorari, quam diu non solverat, aut pro solutione actori victori praedes dare cogebatur, si autem poenam capitalem commeruerat, Romani de eo supplicium sumebant. Denique omnia hujusmodi judicia idem effecisse videntur, quod judicia civilia et legitima[14]). Obligatio enim quasi eodem modo per recuperatores extinguebatur, quo inter Romanos et municipes orta erat, et haec judicia inter foederatos eundem obtinebant locum, quem legitima inter cives Romanos. Postea vero, quum vetus municipum condicio sese commutasset, et judicia recuperatoria ad alias causas porrecta essent, res quoque aliter se conformaret necesse erat.

§. 10.

His de procedendi ratione in antiquo judicio recuperatorio relatis, superest, ut de judicii commutatione verba faciamus. Jure sacro in dies magis debilitato et magistratuum auctoritate imperioque praevalente, quum Romani inter Italiae populos fere primum jam obtinerent locum et omnia in civium utilitatem verterent: ju-

12) Cf. Zimmern l. l. III. §. 15. ei loci ab eo laudati.

13) L. 19. D. de tut. et cur. dat. (XXVI. 5.), L. 19. D. ad municipal. (L. 1.), L. 160. §. 1. de reg. jur. (L. 17.), L. 46. C. de decurioni. (X. 31.), L. 2. 3. C. de praed. decur. (X. 33.), L. 5. C. de legat. (X. 63.), L. 39. D. de re jud. (XLII. 1.), L. 18. D. de recept. (IV. 8.).

14) Cf. Zimmern l. l. III. §. 17. in fin.

dicia recuperatoria ad civium et municipum causas non amplius restringebantur, sed quum municipum auctoritas civitatis Romanae dignitate et gloria praestringeretur, Romani judicia latius porrigebant iisque proprio modo utebantur. Mox enim illud principium, secundum quod inter foederatos laesi populus judicium de municipe reo tradito constituebat, in desuetudinem veniret necesse erat propter latiorem imperii Romani propagationem inutilemque hujus procedendi rationis longinquitatem et propter rerum commutationem, ex qua omnes populi, qui commercium cum Romanis habebant, paucis veteris condicionis municipibus exceptis, etiam Romanorum imperio et jurisdictioni maxima ex parte subjecti erant, reliqui autem, si Romae erant et cum Romanis litibus implicabantur, ut ibi judicium acciperent, cogebantur. Quo factum est, ut litigantium peregrinorum turba Romae in dies cresceret et Romani proprium crearent magistratum, qui jus diceret peregrinis. Itaque judicia recuperatoria se ita commutarunt, ut publicorum specie orbata fierent privata. Praetores dabant recuperatores ut alios judices privatos, qui ab his eo tantum discrepabant, quod plures et extra ordinem[1]), i. e. non ex selectorum albo dabantur, qui ad formulae verba non arcte adstricti ex aequo et bono rem judicarent. Numerus autem trium recuperatorum et decem testium sine cogitatione vel dubitatione, quoniam antiquitas eum sacraverat, eodem modo reservatus est, quo citior judicii finiendi ratio semper manebat. Rebus igitur ita commutatis, judicia recuperatoria jus honorarium quasi denuo procreavit, quam ob causam legitimis judiciis minime adnumerari poterant, et quum magistratus omnia in iis secundum aequitatem ordina-

1) Cf. Seneca ep. 106. Zimmern I, l. III. §. 17.

rent, apertum est, peregrinos quoque recuperatores fieri potuisse, judicia recuperatoria bonae fidei fuisse et Ciceronis arbitriis adnumeranda esse. Quodsi judicia recuperatoria vulgaribus judiciis privatis, quae imperio continebantur, ab omni modo exaequata esse videntur, de procedendi ratione et de sententia exsequenda nihil addi oportet.

De causis vero, ad quas judicandas praetor urbanus inter cives recuperatores dedit, et de recuperatoribus in provinciis infra loquemur; hic solum restat, ut paullum diligentius investigemus tempora[2]), quibus haec rerum judicialium condicio ita se conformaverit, quanquam certum et definitum tempus unicuique commutationi adscribere prorsus non possumus, quum rerum progressus sensim sensimque facti sint. Illud municipii jus, quod aequo foedere anno 261 a. u. icto inter Romanos et Latinos introductum erat et sine dubio veteri more jam diu apud Italos usitabatur, inter alios populos Hernicis anno 268 et Samnitibus anno 400 communicaverunt Romani. Quum autem foederatorum principatum obtinere conarentur, ideoque aequa inter municipes condicio violata esse videretur, illi plerumque arma sumpserunt, ut aequum jus restitueretur, et re bello disceptata aut ad deditionem adacti sunt, aut antiquum foedus cum Romanis renovatum acceperunt. Latini vero anno 414 a Romanis postulaverunt, ut juris publici participes fierent et aequalem principatus partem haberent, quibus postulatis exacerbatus senatus populusque Romanus bellum iis inferre statuit, de quo tum demum abstinuerunt Romani, quum omne Latium singulis urbibus expugnatis fractum superiori Romanorum imperio cedere deberet. Itaque

---

2) In annis definiendis secutus sum Zumptii librum, qui inscribitur annales veterum regnorum et populorum imprimis Romanorum. Berolini 1819. in 4to.

veterum municipiorum usque ad hoc tempus aequo jure cum Romanis conjunctorum nonnulla ita municipia Romana facta sunt, ut commercii et connubii jure cum Romanis retento propriam civitatem non amplius formare viderentur, sed corpus vel collegium quoddam, quod Romani probaverant et tuebantur, et de rebus privatis consilia capere et judicia instituere possent, nisi Romanae reipublicae essent obnoxia. In cetera autem municipia gravius consultum est, ita ut aliis vel connubium vel etiam commercium adimeretur, aliis dedititiorum daretur condicio. Rebus ita commutatis antiquus judiciorum recuperatoriorum ordo inter Romanos et municipes, sub Romanorum imperium subjunctos, permanere non poterat, sed hi novi municipes Romanorum magistratibus, qui juri dicundo praerant, subjecti sunt [3]). Antiqua judicia recuperatoria nisi prius, certe eo mutata sunt anno, quo Latini aequo foedere sublato armis oppressi in Romanorum quasi deditionem venerunt. Praetor igitur ab anno 416 judicia inter cives et hos municipes omnia ordinabat, ejusque officio etiam veterum municipum causae mandatae esse videntur, qua in re sine dubio rationem judiciis legitimis simillimam sequebatur.

Quum autem pallatim Italiae populi ita in deditio-

3) Verisimillimum est, Romanos non solum legibus Liciniis latis, sed etiam municipum commutatione (quam sine dubio jam ante Latinos multi passi sunt municipes, quum pro certo habere possumus, civitates, quibus paullatim civitas Romana donabatur, ad eos populos pertinuisse, qui antea cum Romanis aequo foedere conjuncti essent) et civium numero, quum multae coloniae deductae et multi populi civitate donati essent, perquam aucto commotos esse, ut jurisdictionem a consulum officio secernerent et novum crearent magistratum, qui eam exerceret. Hoc consilium fortasse nihilominus cepissent, etiamsi plebeji in illa dimicatione non vicissent.

nem cogerentur, ut anno 488 tota Italia Romanorum imperio obtemperaret, et municipum, qui eorum jurisdictioni subjecti erant, numerus in maximam amplitudinem crevisset, unus tantum magistratus Romanus, qui pro tribunali sedebat, non amplius suffecit, alter creatus est praetor, cui, ut maxime ad rem conveniebat, munus et officium ita descriptum est, ut peregrinis jus diceret. Quodsi hanc originis causam animo revolvimus, contendamus necesse est, Romanos jam ante annum 507 vel 510 vel 512, qui statui solent, praetorem peregrinum instituisse [4]), et magnam prae se fert veritatis speciem, hunc novum magistratum introductum esse inter annum 482, quo Samnites ad deditionem adacti sunt, et annum 488, ex quo Romani totam Italiam imperio suo tenebant. Lydus quidem annum 507 nobis tradidit, quo praetor peregrinus creatus sit, sed ei nullam fere fidem in temporum rationibus tribuendam esse, inde apparet, quod paullo antea dicit, ab anno consulatus sexagesimo per annos quinquaginta modo tribunis militum modo interregibus creatis perturbatam esse rempublicam [5]). Tum vero inde, quod in epitome Liviani libri XIX. traditum invenimus, duos praetores primum creatos esse, postquam Claudiae, Appii Caeci filiae, ob inhumanam superbiam multa (a. 508) dicta esset [6]): annus, quo praetor peregrinus institutus sit, non ab omni parte comprobatur et definitur. Porro Pomponii [7]) verba, quanquam illa

---

4) Cf. Hugo Lehrb. der Gesch. des Röm. Rechts 7te Aufl. Berl. 1820. §. 158. Zimmern l. l. l. §. 13. Niebuhr l. l. III. 731.

5) De magistratib. reip. Rom. lib. I. §. 45. Parisiis 1812. 8.

6) Cf. Gellii noct. Att. X. 6.

7) L. 2. §. 27. 28. D. de orig. jur. (I. 2.), ex qua etiam intelligitur, praetorem jam ab initio urbanum esse nominatum, quoniam ejus munus solum ad res urbanas pertinebat, alii

„post aliquot deinde annos" non stricte interpretanda sunt, sententiam nostram confirmare videntur, quoniam affert, hoc factum esse propterea, quod multa turba peregrinorum in civitatem venerit. Denique autem ex pluribus Livii locis [8]) atque ex ratione, qua auctus est praetorum numerus, colligere possumus, Romanos alterum praetorem creasse priusquam terram aliquam in provinciae formam redegissent, et praetorem secundum ab initio ad peregrinorum lites judicandas destinatum fuisse [9]). Peregrinus igitur praetor creatus ab initio solus peregrinorum judicia instituisse et recuperatores cum formula [10]) dedisse videtur.

---

vero praetores i. e. consules etiam res extra urbem gerebant. Quum autem postea adhuc alter magistratus juris dicundi causa creatus esset, illius nomen aliam obtinuit significationem, et hic ab illo peregrini nomine distinctus est.

8) XXII. 35. XXIII. 30. XXXII. 27. XXXIII. 26.

9) Niebuhrins quidem l. l. III. pag. 731. 732. putat et contendit, Romanos circa finem primi cum Poenis belli alterum praetorem creavisse, ut cum exercitu impediret, quo minus Carthaginienses in Italiam navibus egrederentur. Sed hanc ob causam, quae per breve tantum tempus adesse poterat, Romani novum magistratum certe non instituissent, ad quod accedit, ut jam anno 428 invenerint modum, quo talem finem assequerentur, dum consuli Q. Publilio Philoni imperium prorogabant, ideoque proconsulatum novum quasi magistratum introducebant (cf. Nieb. III. p. 214). Praeterea autem quum semper praecipuum praetorum officium esset, ut juri dicundo praeessent, et praeter Siciliam etiam aliae terrae provinciae fierent, antequam praetorum numerus ad quatuor auctus est, non verisimile non esse videtur, in Siciliam usque ad id tempus, quo quatuor creati sunt praetores, nullum praetorem profectum esse.

10) *Recuperatores sunto: si paret etc.* Gaj. IV. 46.

CAPUT TERTIUM.

DE IUDICII VI ET EFFECTU IN IUDICIIS LEGITIMIS.

§. 11.

Cogitantes de jure Romano nos magna admiratione afficimur, quum animadvertimus, quanta constantia, quanta gravitate jus, acerbissimis civium certaminibus et luctuosissimis reipublicae calamitatibus nec turbatum nec concussum, in via sese conformandi perficiendique progressum est, et ad tantam amplitudinem, ad tantum splendorem pervenit, ut omnibus fere omnium temporum populis exemplar egregium esse posset. Tres vero fuerunt mutationes, quas jus civile confecit, quaeque tres egregiae sunt aetates hujus quasi vitae multarum rerum gestarum insignis, tres per se absoluti et perfecti gradus, qui, quum accensi essent, altioris gradus fundamentum et principium in sese continebant. Quum enim Romani in jure constituendo semper eam servarent rationem, quae ad vitae usum aptissima et ad jus persequendum in judicio utilissima esset, hi progressus praesertim in rebus judicialibus in oculos occurrunt. Nam primum cernimus legis actiones, patrum et juris sacri vi et auctoritate introductas et excultas, dein formulas a magistratibus et jure Quiritium formatas atque comprobatas, postremo cognitiones, quae ab initio erant extraordinariae, jure gentium vero praevalente ab imperatoribus in legitimum litigandi modum constitutas atque sanctas. Id vero prae caeteris in populi admirationem animos rapit, quod in his mutationibus Romani nihil tam perverse tamque repente fecerint, quin eas leges, quas natura in perpetua rerum procreatione custodit, pro sanctis habuissent, et undique instituta invenissent, quae commodos ex altero in alterum gradum transitus praeberent; et haec est causa, cur jus Romanum fere aeternitatem attigerit et Romanis ipsis fuerit superstes. Et conjunctionem cum externis populis et judicia ipsa recuperatoria ad Romanorum jus eorumque judicia vim exercuisse, jam inde patet, quod Romani antiquitus plurima instituta tam nova quam a majoribus tradita in eam rationem conformabant, quam apud alios in reipublicae salutem et civium utilitatem observatam cognoverant. Qua in re nunquam eam ingressi sunt viam, ut propria instituta prorsus rejicerent dissolverentque et nova in eorum locum substituerent, sed aliam rationem semper secuti sunt, qua proprios mores et peculiare ingenium servarent [1]).

Quum vero judicia recuperatoria antiquissimis temporibus, quibus cives solo litigandi modo per legis actiones utebantur, adscribenda esse videantur [2]), quaerendum est, num judicia recuperatoria ad hunc litigandi modum aliquid effecerint. Omnibus temporibus et apud omnes populos, si controversia quae esset cunque inter cives adducebatur, id maximi fuit momenti, ut jus, quod laesum esse videatur et de quo partes litigent, certissime statuatur et definiatur, quum postea demum de injuria tollenda justa sententia dici possit. Quanquam has causarum quasi duas partes apud Romanos per longissimum tempus quam maxime separatas et disjunctas reperimus, ab initio quidem hoc discrimen sanctius et magis solenne

---

1) Exemplis illustrare non opus est, id quod unicuique, qui Romanorum historiam paullulum tantum habet cognitam, certe persuasum est.

2) Cf. supra §. 4.

observatum, postea vero omnibus fere rebus sensim commutatis, juris et judicii differentia in dies magis deminuta et denique prorsus sublata esse videtur. Tum enim temporis, quum Romani jura solum per legis actiones inter se persequerentur, apud magistratum litem permultis actibus et verbis solennibus ita contestabantur[3]), ut fere omnia, quae veterum scriptores nobis de legis actionibus tradiderunt, ad has solennitates pertineant[4]); deinde autem formularum tempore tot periculosae solennitates incommodae habitae esse videntur[5]), quum veteris litis contestationis rationem et naturam omnino commutarent Romani, et litem cum nulla fere solennitate, nisi formulae conceptione contestarentur; denique serioribus imperatorum temporibus ultimum discrimen inter magistratum et judicem est sublatum. Quod autem attinet ad hanc causarum divisionem legis actionum tempore, affirmandum est, jam tunc discrimen inter jus et judicium ita exstitisse, ut actio quidem pro tribunali institueretur, sententia autem non a magistratu, sed a judice diceretur. In universum quidem hanc sententiam ab omni modo veram esse, fortasse non intelligis, quia in legis actionibus per manus injectionem et pignoris capionem judicis dati mentio nunquam invenitur; sed, si rem accuratius inspicimus, de his legis actionibus praemonen-

3) Cf. Zimmern l. l. III. §. 32. 33. F. L. Keller über Litis Contestation und Urtheil. Zürich 1827. 8. §, 1—23. cujus libri principia et argumenta totum fere judiciorum ordinem et rationem illustrare et nunc ab unoquoque ita cognita esse videntur, ut, quae inde hauserim et ad rem nostram investigandam explicaverim, non semper ad certum libri locum referam.

4) Cf. Zimmern l. l. §. 32. 33. 38—48. 109. 110. et loci ab eo laudati, in primis Gaj. IV. §. 13—29.

5) Gaj. IV. 30.

dum est, eas ad controversias et lites omnino non pertinuisse[6]), quoniam semper, si quis per eas agebat, a debitore exigebat certam pecuniam, quam hunc illi debere apertum erat. Quam ob rem is, ut hodie dicimus, non processo ordinario, sed executivo jus suum persequebatur.

His igitur legis actionibus a litium componendarum

---

6) Quod attinet ad legis actionem per manus injectionem, omnibus constat, hoc modo actum esse eum in finem, ut debitor, qui non solveret, creditori addiceretur (cf. Zimmern l. l. III. §. 44.). Haec autem severa in debitoris personam persecutio ab initio solum tum locum habuisse videtur, si debitor vel judicio damnatus erat, pecuniam certam creditam solvere, vel eam in jure confessus erat (Gell. XX. 1.). Id quod postea partim nexi obligatione, partim specialibus nonnullis legibus (Gaj. IV. 22.) ad alias obligationes extensum est, donec lex Poetelia jus antiquum manus injectionis, excepta actione judicati et depensi, sustulit (Gaj. IV. 25. Hanc debitorum et creditorum condicionem apud Romanos Savignius nuper praeclare illustravit in commentatione: Ueber das altrömische Schuldrecht, Berlin 1834. 4.). Quodsi quis legis actionem per manus injectionem instituere volebat, antea certum esse oportebat, causam adesse ex qua lege ageret; haec igitur causa, quasi praejudicialis, quae aut priori quodam judicio, aut confessione jam erat dirempta aut a praetore antea cognoscenda, ad ipsam legis actionem non pertinebat, unde sequitur, ut haec manus injectio minime ad controversias et lites referenda sit. Itaque si quaestio est de controversiarum componendarum modis hanc legis actionem aeque excludamus necesse est, atque in jure cessionem, adoptionem, manumissionem per vindictam et emancipationem, quae, quum fictis vindiciis perficiantur, nonnunquam legis actiones nominantur. Eodem fere modo pignoris capio hic rejicienda est, quum si illae certae personae, quibus haec legis actio competebat, pignus capiebant, ratio omnino non haberetur adversarii (Gaj. IV. 26—29.), qui, si pignus injuste captum esse ei videbatur, postea cum eo, qui ceperat, agere poterat.

ratione exclusis, supersunt legis actiones sacramenti, per condictionem et judicis postulationem, de quibus, si antiquissimam sacramenti actionem mittimus, omnes consentient, magistratum totam rem non perfecisse neque sententiam pronunciasse; sed de antiquissima quoque sacramenti actione idem contendendum esse videtur. Quum enim Gaji locus [7]), ex quo aliam fortasse sententiam colligere posses, mancus nobis reservatus sit [8]), testimonium autem certum hac de re in veterum libris non reperiamus, aliis argumentis sententiam comprobare conemur. Quodsi primum rationem, qua Gajus legis actiones descripsit, diligentius intuemur, invenimus eum in primis enarrasse solennitates, a quibus actiones nomen acceperint et lis ejusque dirimendi modus pependisset, quibusque agendi ratio a posteriore tunc maxime se distinxerit. Itaque supponendum est, si magistratus ab initio causam cognovisset et litem diremisset, hoc certe solennibus verbis factum esse, quae Gajus referre minime omisisset. Hae autem solennitates in folio 192 scriptae esse non possunt, quia Gajus alias, quanquam hujus loci laudandi occasio ei saepius oblata sit [9]), nunquam eum in momoriam revocat. Praeterea si hanc juris et judicii separationem ante legem Pinariam in legis actione sacramenti non observatam esse contenderemus, sequere-

---

7) IV. 14. 15. . . . . §. 15. *ad judicem accipiendum venirent, postea vero reversis dabatur . . . . XXX judex: (idque) per legem Pinariam factum est; ante eam autem legem . . . . dabatur judex.*

8) Siglas quae ultimam loci laudati lacunam explent, legendas esse *confestim* Buttmanno videtur, Hollwegio *statim* (Gaj. ed. Goeschen 1824), van Hasselto (de legis actionib. pag. 51. Groningae 1824. 8.) et Hübbio (de receptione rei judicatae p. 4, Jenae 1827. 8.) *nunquam*, Heffiero *nondum*.

9) l. c. IV. 17. in fin.

tur, ut judicium centumvirale, cui semper legis actio sacramenti antecedebat[10]), demum post legem Pinariam introductum sit, id quod certe a veritate longe aberrat [11]). Denique autem vetus litis contestatio nostram sententiam ab omni parte comprobare videtur. Hoc enim solenne litis initium nunquam evadere potuisset, nisi ex Romanorum juris persequendi ratione ab initio accurate disjuncta essent ea, quae pro tribunali et quae in judicio fierent. Omnia, quae hac de re nobis disperse tradita sunt, tantum secundum hoc discrimen intelligi possunt. Coram magistratu agebatur, coram judice litigabatur, actionis finis erat, ut lis susciperetur, litis finis, ut sententia diceretur. Ipsam litis contestationis notionem procreavit vetus juris dicendi ratio in illa differentia et separatione posita, quae ad sacramenti quoque actionem lege Pinaria nondum lata referenda est, quum, si res ita se non habuisset, certe apud Gajum aliumve de lege Pinaria, quae tum majorem vim exercuisset et sacramenti actionem prorsus commutasset [12]), accuratiorem mentio-

10) Gaj. IV. 31. Heffter ad Gaj. pag. 6.

11) Quanquam lex Pinaria ante leges Siliam et Calpurniam, quibus legis actio per condictionem introducta est, lata esse videtur (Zimmern l. l. III. §. 36.), non verisimile est, eam XII. tabulis antecessisse, ante quas judicium centumvirale certe jam diu exstitit, quum centumvirorum primordia referenda sint ad judices, quos Servius rex instituit (Niebuhr l. l. I. pag. 473. Zimmern l. l. §. 14.). Zimmernius quidem l. l. sollerter divinavit, ante legem Pinariam omnes causas, in quibus sacramento ageretur, a centumviris judicari potuisse, lege autem lata in sacramenti actionibus de eo, quod dari oporteret, unum judicem datum esse. Sed haec sententia, quam neque affirmare neque negare audeo, nostram non repellit, quum facillime cum ea conjungi possit.

12) Si ante legem Pinariam in sacramenti actione nulla separatio intercessisset inter id, quod pro tribunali et quod in ju-

nem invenimus, et quum non verisimile sit, illam actionem, quae generalis et primis temporibus fortasse solus procedendi modus erat, repugnasse rationi, quam per totam antiquitatem Romanam in rebus judiciariis observatam videmus.

§. 12.

Si proprietates rationis, qua controversiae per legis actiones componebantur, una comprehensione complectimur[1]), legis actionum natura in eo potissimum cernitur, quod solus civis certis et lege praestitutis verbis coram magistratu postulabat, jure suo solennibus verbis et actibus peracto litem cum reo contestabatur et lite contestata judicium cum reo suscipiebat. Tota autem res maxime ab illa actionis parte pendebat, quae pro tribunali perficienda erat et in universum quoque litis contestatio vocata esse videtur[2]). Nam si minimum actor erraverat, litem perdebat et postea in hac causa lege agere amplius non poterat[3]). Quod attinet ad procendi rationem in municipum causis, illam ipsius actionis divisionem invenimus. Ab initio enim actor vel ejus nomine fetialis actionem apud municipes instituebat; ibi, ut ita dicam, litem contestabatur[4]), et domi cum reo judicium acci-

dicio fieret, Romani solenni litis contestatione exceptis centumviralibus causis non usi essent, ideoque illa lex in ceteris solennem litis contestationem introduxisset. Hoc autem nec verisimile est, neque ullo veterum testimonio comprobatur.

1) Cf. Zimmern l. l. III. §. 32—35. 38—43. 108—110.

2) Keller l. l. pag. 8. 9. Zimmern l. l. §. 118.

3) Gaj. IV. 11. 30. 108. Keller l. l. pag. 82 sq. Zimmern l. l. §. 120.

4) Hoc autem non ita factum esse videtur, ut res apud municipes peractae ea omnia continerent, quae Romanorum litis contestatio, ideoque reis Romam reversis recuperatores ita-

piebat; postea id mutatum esse videtur, quod judicium quoque ibi dabatur, ubi actio mota erat[5]). Sed tota litis contestatio, si ejus formam et vim respicimus, ab illa, quae legis actionem peractam sequebatur, diversissima fuit. Nam Romanorum litis contestatio ex jure civili ita orta erat, ut ad procedendi rationem in controversiis dirimendis, quae inter Romanos et municipes adductae essent, adhiberi non posset. Quam ob rem, quum nihilominus in agendo duabus partibus opus esset[6]), et apud utrumque populum controversiae eodem modo essent tollendae, tantum verus litis contestationis finis, ex quo jus, de quo agebatur, certe praefiniebatur, in causis recuperatoriis observaretur necesse erat. Quanquam antiquissimis temporibus hac in re alias solennitates quasi non civiles fetialium jus, quod sine dubio plurimis Italiae populis commune erat, introduxisse videtur, tamen hae nihil faciunt momenti, quoniam contendere possumus, fetialium jus tum temporis, quo jus civile excoli coeperit, maxima ex parte jam evanuisse, ideoque has fetialium solennitates tunc in causis recuperatoriis parum observatas esse, quum haec procedendi ratio in actionibus civilibus aliquid efficere posset. Quum autem inter veteres Italiae populos foedere conjunctos talis esset con-

---

tim munere fungerentur, sed apud municipes sine dubio de eo tantum disceptatum est, utrum reus cum actore agere et litigare vellet, an continuo ei satisfacere mallet.

5) Cf. supra §. 10.

6) Illud enim principium, secundum quod apud Romanos in agendo jus et judicium distinguebatur, etiam apud Latinos valuisse videtur, quoniam maxima Romanorum pars cum Latinis originem ab eodem stipite ducebat, et uterque populus iisdem fere moribus et simillima consuetudine utebatur. Quodsi inter hos populos controversia orta erat, ejus dirimendi ratio illi principio non offenderet oportuit.

dicio [7]), ut, si quis alteram rempublicam vel ejus civem laesisset, fetiales de injuria luenda reoque tradendo cum foederatis agerent, et reo tradito alter populus judicium constitueret: tota res ab uno magistratu et eodem loco minime perfici poterat. At ea, quae legati ad res repetendas missi peragebant, non ad omnia, quae apud Romanos in procedendi ratione coram magistratu fieri debebant, pertinuisse videntur, sed potius credendum est, controversiam ipsam, quae postea a recuperatoribus judicanda erat, apud quendam Romanorum magistratum constitutam et praefinitam esse. Quum enim recuperatores judices essent privati, judicium recuperatorium non agnoscebatur verum judicium, nisi magistratu auctore acceptum erat, municipum autem magistratus apud Romanos nullam obtinebant auctoritatem. Municeps igitur reus, si Romani actionem susceperat et volebat, ut actio consumatur, judicium Romanorum auctoritate constitutum accipere debebat, unde sequitur, ut litem quoque coram Romano magistratu cum actore contestatam haberet.

Quae quum ita sint, ea, quae legati apud municipes peragebant, comparanda sunt cum in jus vocatione. Reus hoc modo in jus vocatus coram fetialibus vel coram magistratu cum actore de controversia agebat, qua in re sine dubio verbis quibuscunque volebat, utebatur, quum jus civile, quod in agendo certas solennitates praescripserat, solum ad cives pertineret. Atque ex eadem causa actione in jure perfecta adhiberi non poterat litis contestatio, qua judicium constitueretur et conjungeretur cum eo, quod pro tribunali peractum erat. Utrumque igitur alio modo efficiendum erat et eo quidem, uti videtur, quod magistratus conceptis verbis decerneret, qui

7) Cf. supra §. 5.

recuperatores essent, de qua re judicarent et quo modo litem dirimerent. Nam quum postea omnes controversiae paucis exceptis, quae aut legis actionibus instituendae aut magistratus cognitione finiendae erant, sic componerentur, alius procedendi modus cogitari non potest, qui rerum judicialium rationi apud Romanos magis conveniat. Itaque confirmandum esse videtur, in causis recuperatoriis inde ab antiquissimis temporibus per formulas litigatum esse. Quae quidem procedendi ratio a legis actionibus eo maxime discreparet necesse erat, quod neque solennibus verbis adstricta neque actibus in jure peragendis, unde litigatoribus facillime damnum afferri poterat, solam juris gentium aequitatem sequebatur, quam magistratus in formula danda, et recuperatores in sententia dicenda observare debebant. Quodsi antiquissimis temporibus apud Romanos duplicem videmus modum, quo controversiae componebantur; unum inter cives jure civili introductum et sanctum, in quo omnia accuratissime legis verbis respondere debebant, et alterum inter cives et municipes jure gentium procreatum, in quo, quum severis legibus esset solutus, liberum arbitrium et aequi religio regnabat: prior illa procedendi ratio, quum saepissime obnoxia et iniqua sententia pro justa evaderet, omnibus in odium veniret necesse erat, altera autem, quum optime cum omnibus vitae condicionibus conveniret et injuriam ab omni parte tollere posset, placeret omnibus oportebat. Ad quod accedit, ut, postquam Romanorum vita in dies majorem varietatem adepta est, et Romani complurium populorum mores cognoverunt, antiqua procedendi ratio per legis actiones omnibus vitae condicionibus non optime congrueret, itaque rerum judicialium commutatione opus esset. Quam ob rem magistratus legis actione relicta ad rationis speciem, qua recuperatores dabantur et judicabant, alia judicia formasse et judices dedisse videntur in iis causis, in quibus cavendum erat, ne legis actionibus iniqua sententia procrearetur, aut judicia praeter rem et sine causa producerentur. Itaque contendere possumus, hac ratione legitima judicia orta esse [8]), quae ab initio, dum legis actiones erant legitimae, haud dubie solo imperio continebantur, donec litigandi modus per formulas legibus sanciebatur, ideoque discrimen inter judicia legitima et ea, quae imperio continentur, ad id restringebatur, quod Gajus [9]) hac de re nobis tradidit. Si hanc formularum et judiciorum legitimorum originem statuimus, aptissime et juri Romano accommodate explanatur, quo factum sit, ut Romani a legis actionibus ad formulas transierint. Unde nostra de recuperatoribus sententia quam maxime comprobatur. Omnia vero haec ita se habuisse singulis quidem veterum testimoniis confirmari nequit, omnis tamen rerum Romanarum ratio id demonstrat, et totius historiae color testificatur.

§. 13.

Nunc alterum effectum, quem judicia recuperatoria ad jus civile adducebant, consideremus. In procedendi ratione, qua controversiae per legis actiones dirimebantur, omnia legibus praestituta erant. Leges enim sanxerant, quo ex jure laeso cives agere possent, quo modo esset agendum et quid eo efficeretur. Jus sive in rem sive in personam, quod leges civibus tribuerant iisque agendo persequi permiserant, legis actione instituta semper aliam accipiebat naturam, dum obligatio civilis inter litigantes oriebatur, cujus solutio et effectus iterum legibus prae-

8) Eandem sententiam jam affirmarunt Zimmernius l. l. III. §. 17. 33. 49. et Huschkius l. l. pag 217.

9) IV. 105.

finiti erant. Magistratus igitur, qui juri dicundo praeerant, nullum aliud officium exercebant, nisi observabant, ut legum praescripta adhiberentur, et litigatorum condicio non magistratus imperio sed ipsis legibus determinari videbatur. Quam ob rem magistratuum imperium quoad jurisdictionem ab initio ad id solum pertinere potuit, ut litigator, qui contra leges aliquid fecisse visus sit, neque obligationem agendo contractam solvere voluerit, prensione aut pignoris capione ad obligationis solutionem cogeretur. Quum autem foederibus judicia recuperatoria introducta essent, magistratuum imperium amplificaretur oportuit, quoniam leges neque praescribere, ex quibus causis cum municipe agendum esset, neque poterant procedendi modum et rei judicatae vim et effectum praefinire. Jus igitur civile de his rebus nulla principia continebat, sed magistratus in jure dicendo jus gentium sequi debebat, et ad controversias componendas id faciebat et constituebat, quod causae condicioni aptum esse videbatur, quodque putabat omnibus aequum videri. Itaque omnia, quae in hac procedendi ratione facta et inde effecta erant, non lege obtinebant vigorem, sed solo magistratus imperio, ita ut, dum dabat exceptionem, aut judicium denegabat, aut reum prendebat, aut ei pignus capiebat, jus recuperatorum sententia procreatum tueretur. Quae quum ita sint, judiciorum divisio in legitima et ea, quae imperio continentur, antiquissimis temporibus vindicanda esse, et judiciis recuperatoriis procreata esse videtur. Hoc enim non solum ex rerum judicialium natura, ut nunc demonstrare conati sumus, sequitur, sed etiam ex eo, quod Gajus[1]) hac de re nobis tradidit.

Postremo si contemplamur juris Romani principia de foro, ubi quisque agere et conveniri debebat, defendere

1) IV. 103—109. cf. Zimmern l. l. III. §. 34.

possumus, judicia recuperatoria effecisse, ut hujus rei quaestio oriretur et principia de foro statuerentur. Ab initio enim omnes lites Romae a magistratu, qui juri dicundo praeerat, et judicibus ab eo datis dirimebantur, postquam autem foederibus inter cives et municipes judicia introducta erant, cives lites quoque habere poterant, quae alias erant judicandae. Primis temporibus hoc haud magni erat momenti, quoniam quisque, qui agere volebat, actionem apud magistratum instituebat, qui, tum si civis reus vocationem non secutus erat, tum si reus municeps erat, curare debebat, ut reus in jus veniret. Itaque in dubitationem vocari non poterat, ubi quis ageret. Omnia enim, quae ad jus agendi pertinebant, Romae perficiebantur, paucis exceptis causis, in quibus Romanus reus municipibus erat tradendus. Quum vero judicium recuperatorium apud municipes constitutum eandem vim haberet, quam illud apud Romanos acceptum, et quum Romani majori commercio et consuetudine cum municipibus uterentur[2]), factum esse videtur, ut solenni in jus vocatione relicta simpliciori modo actio institueretur, et Romanus apud municipes, municeps autem apud Romanos agere et judicium accipere soleret, quanquam fortasse eligere posset, utrum domi an apud municipes convenire mallet. Tandem vero postquam Romani primum inter municipes locum adepti sunt et complures

2) Eadem ex causa et propter utilitatem usu receptum est, ut actor actionem eo moveret loco, ubi reus sedem rerum et fortunarum suarum collocaverat (in foro originis vel domicilii). Ibi enim rem judicatam facilius exsequi poterat et damnum, quodcunque inde ceperat, quod hic egerat, judicis aestimatione resarciebatur. Itaque confirmandum est, causas recuperatorias illud juris principium provocasse, ex quo actor rei forum sequi deberet, quod jam Ciceronis tempore observatum esse videtur (Cic. in Verr. II. 13. III. 15.).

municipes cives non optimo jure facti, orta est quaestio, num civis magistratuum municipalium jurisdictioni subjectus esset. Quare si principia de foro postea observata ponderamus, inde ab hoc tempore constitutum esse videtur, ut cives, qui in municipio contraxisset, vel bona possideret, ibi quoque judicium accipere deberet, municeps autem, si Romae esset, Romae et praeterea in municipio, in foro contractus et ubi bona possideret, conveniri deberet. Praesertim quod attinet ad causas inter cives et municipes peregrinosve, quae Romae dirimendae erant, sine dubio praetor peregrinus lites ordinabat. Id enim sequitur tum ex ratione, qua jus Romanum se conformavit et quam in praetoris peregrini et judicii recuperatorii origine et natura a nobis explicata invenimus, tum ex locis comparandis, qui de praetore peregrino agunt [3]). Sane quidem praetor urbanus peregrinis vel contra eos nonnunquam dabat actionem, sed hoc civitatis fictione adhibita eodem modo factum est, quo servi quoque agere poterant, si cetera omnia civilis actionis requisita aderant, et iniquum fuisset, actionem ad eos non porrigere [4]). His ita expositis palam intelligitur, judicia recuperatoria effecisse, ut quaereretur, ubi actio instituenda esset, et principia de foro statuerentur.

---

3) Cf. in primis L. 2. §. 28. D. de orig. jur. (I. 2.). Lex Gall. Cisalp. c. 1. lin. 24. 34. Tacit. ann. I. 15. Liv. XXII. 35. XXXIII. 21. 30. XXXII. 28. XXXIX. 8. XLV. 16. 21. etc.
4) Gaj. IV. 37.

CAPUT QUARTUM.

DE CAUSIS RECUPERATORIIS.

§. 14.

Ex iis, quae de judicii recuperatorii origine et ratione diximus, satis apparet, recuperatores ab initio omnes inter cives et municipes judicasse causas. Nunc diligentius exploremus, ad quasnam causas serius adhibiti sint. Qua in re investiganda primum de recuperatoribus in provinciis datis agendum esse videtur. Romani quum imperii fines ita protulissent, ut populos etiam extra Italiam ad deditionem cogerent, eorumque terras in provinciae formam redigerent, Romanae civitatis jus summum gloriae fastigium ascendit, ad cives dignitas et honor ita pertinuit, ut soli jure uterentur civili, quod cives legibus sanxerant. Ceteri autem, qui terram Romanam habitabant, legum non participes, populi senatusve jussu et magistratuum imperio gubernabantur. Ille igitur procedendi modus, quo cives Romani jus inter se persequebantur, et quem leges praescripserant, in provinciis adhiberi non poterat. Sed magistratus, qui in provinciis rebus praeerant omnibus, quum plurimis negotiis occupati morem, quo Romae controversiae componebantur, imitarentur, judiciorum ordinem legitimo simillimum constituerunt et litigatoribus, qui lites pro tribunali contestati erant, e conventu judices dederunt vel addixerunt. Hi autem ad lites judicandas constituti improprie tantum judices vocati esse videntur, quoniam veri judices solum Romae ex selectorum decuriis dari poterant, immo proprie nominabantur recuperatores, qui saepissime in veterum scriptorum libris inveniuntur. Quam quidem sententiam quum viri docti jam comprobarint [1]), equidem solum explicabo, quo factum sit, ut judices privati in provinciis dati hoc acceperint nomen, quanquam id quoque fortasse jam ex prioribus dissertationis nostrae capitibus intelligitur. Quum enim Romani provincias adipiscerentur, recuperatores non amplius solas judicabant controversias, quas habebant cives cum municipibus aequo jure conjunctis, sed jam deteriori jure exstabant municipes, quorum causas recuperatores componebant, qui aliis etiam peregrinis Romae litigantibus ad controversias dirimendas dabantur. Quare si magistratus juris persequendi rationem in provinciis ad Romanorum exemplum conformare volebant, nullum aliud judicium adhibere potuerunt nisi recuperatorium. Hoc enim Romae ad causas pertinebat, quae in provinciis plerumque adducebantur, et imperio continebatur eodem modo, quo in provinciis omnia judicia. Itaque magistratus, uti maxime ex Ciceronis actione secunda in Verrem cognoscitur, in omnibus litibus recuperatores dabant, nisi formula, qua terra in provinciam redacta erat, aut lex quaedam aut senatusconsultum quoddam aliud constituerat. Quum autem penes magistratum, qui in provinciam cum imperio proficiscebatur, summum omnium rerum esset imperium, et nulla potestas intercedere posset, omnia ex ejus arbitrio ita pendebant, ut rem quocunque vellet modo gerere, iniquissimam jurisdictionem exercere et provinciam expilare vexareque posset. A quibus criminibus improbi magistratus eo tantum prohibiti sunt, quod vereri debebant, ne magistratu defuncti Romae accusarentur et publicum judicium susciperent. Ex eadem provinciarum condicione, quum populus de re judiciaria

---

1) Zimmern l. l. III. §. 17. Huschke l. l. pag. 241 sqq.

paene nullas leges sanciret, sequitur, ut magistratus nonnunquam singulos judices ad causas judicandas constituerent, id quod fortasse tum fecerunt, quum litigatores cives erant. Omnia igitur judicia in provinciis suscepta eandem dirimendi rationem secuta sunt et eandem vim habuerunt, quam Romae judicia, quae imperio continebantur. Quibus ita comparatis apparet, ex veterum scriptorum locis, qui recuperatores in provinciis commemorant [2]), de judicii ratione pauca tantum colligi posse, nihil autem de causis, quae a recuperatoribus judicandae fuerint [3]). Viginti vero recuperatores, qui in provinciis ad consilium manumissionis adhibebantur [4]), iterum probant, eos, qui Romae judices nominarentur, in provinciis recuperatores appellatos esse. Praeterea in nonnullis legum fragmentis [5]) recuperatores judicibus ita adjunguntur, ut omnia judicia extra Romam accepta fuisse recuperatoria videantur, et discrimen inter judices et recuperatores illud tantum intercessisse, ut judices quidem sigillatim, recuperatores autem terni judicassent, atque totam rem in magistratus arbitrio positam esse videamus,

---

2) Plaut. Bacch. II. 3. v. 36. sqq. Rudens V. 1. Cic. in Verr. act. II. lib. 3. et 5. divin. c. 17. orat. pro Flacc. c. 20. De Liv. XXVI. 48. cf. supra §. 8.

3) J. Stahl l. l. pag. 20. causas recuperatorias in provinciis enumerare et definire studet, qua in re minime ei assentire velim, propterea quod ex iis, quae supra de jurisdictione in provinciis exposuimus, intelligitur, fortuito factum esse, ut illae causae neque plures neque omnes a scriptoribus nobis traditae sint. Simili ratione Zimmern l. l. III. §. 37. et Huschke pag. 228 sqq. nimia ex illis locis collegisse videntur, qua in re Lactantii instit. 3, 20. usi sunt, cujus verba ad judicia certe omnino non possunt referri.

4) Gaj. I. 20. Ulp. I. 13. a.

5) Lex Thoria I. v. 33. 34. II. 22. 26. Lex Mamil. c. 5. Lex Gall. Cisalp. c. 21. in fin. Plebisc. de Thermens. v. 43.

quanquam fortasse in causis agrariis recuperatores comparandi sunt cum tribus arbitris, quos XII tabulae ad jurgia de finibus componenda constituerunt.

Denique recuperatoribus in provinciis datis adnumerandi sunt recuperatores, qui judicium privatum de pecuniis repetundis formarunt[6]). Omnibus enim constat, causas criminales maxima ex parte apud Romanos non solum publica poena vindicatas esse, sed etiam privatam persecutionem effecisse. Quam quidem causam privatam, de qua sola nunc nobis agendum est, Romani in judicio privato persequebantur, quod sine dubio eodem modo constituebatur, quo alia judicia privata, quanquam senatus inde ab initio jurisdictionem de criminibus habebat. Sin autem provinciales talem causam adduxerant, id quod saepissime de pecuniis repetundis fieret necesse erat, quaestio est mota, quonam modo judicium et quodnam constitueretur? Quum res inter cives et peregrinos ageretur, judicium legitimum adhiberi non poterat, sed recuperatorium aptissime applicabatur, qua in causa dilucidantur ea, quae de ipsius origine et natura explicavimus. Magistratus enim in provinciis reipublicae partes suscipiebat et provinciales, quibus ille pecunias rapuerat et abstulerat, Romae magistratum repetundarum reum faciebant. Senatus vero causam ita diremisse videtur, ut aut ipse causam cognosceret, aut rem magistratui mandaret et plerumque ei, qui nunc provinciam sortitus erat. Magistratui rationem praescribebat, qua controversiam ordinaret et litem componeret, atque si ex Livii loco regulam construere licet, magistratus provincialibus plures ex ordine senatorio judices dare solebat, qui rem inquirerent et litem aestimarent, quique sive propter quandam cum antiquis recuperatoribus similitudinem, sive

6) Liv. XLIII. 2. Tacit. ann. I. 74.

propter illam eandem functionem recuperatores vocati esse videntur. In iis igitur manifesta veteris judicii vestigia in oculos occurrunt: judicium enim erat inter cives et peregrinos constitutum et quasi publicum, et judices ex senatorio ordine electi quodammodo reipublicae partes agebant. Atque in hac repetundarum causa primigeniam recuperatorum naturam diutissime manisse colligi potest ex ratione, qua Tacitus recuperatores memorat.

§. 15.

His de recuperatoribus, qui in provinciis judicabant, expositis, nunc ad eas causas nos convertamus, in quibus recuperatores inter cives judicum munere fungebantur. Quum praetoris imperium tantam haberet amplitudinem, ut maximam vim ad omnia fere judicia exerceret, in omnibus causis, ubi recuperatorum procedendi modus aptior ei visus est, edixisse videtur se recuperatores daturum. Omnes enim actiones, quas praetoris edictum procreaverat, in eum modum instituebantur et peragebantur, quem non lex sed edictum praescripserat, et ita judicabantur, ut judices vel arbitri non secundum strictum jus sententiam dicerent, sed aequitatem respicerent. Quibus quum omnes formulae in factum conceptae adnumerandae sint [1]), colligere et contendere pussumus, in

1) Discrimen inter formulas in jus et in factum conceptas neque ad sola verba neque, ut ita dicam, ad externum formularum concipiendarum modum pertinet, sed ad ipsam actionis naturam et originem. Id quod palam intelligitur tam ex Gaji (IV. 45. 46) verbis: „. . . . . *formulas . . . . . in jus conceptas vocamus, ... in quibus juris civilis intentio est. Ceteras vero in factum conceptas vocamus, id est, in quibus nulla talis intentionis conceptio est;*" (cf. Zimmern l. l. III. §. 51. 54.) quam ex ratione, qua res judiciales et litigandi

his omnibus, quoniam fuerint actiones honorariae, praetorem, si ita voluisset, recuperatores dare potuisse, saepius autem unum judicem vel arbitrum dedisse, quoniam Romanorum leges et mores constituerint, ut unus judex litem dirimeret. Itaque investigari nequit, quibusnam in causis recuperatores inter cives lites judicare soliti sint. Eas tantum causas recuperatorias enumerare possumus, quas scriptores commemorant, neque decernere, utrum

---

modi apud Romanos sese commutarunt et conformarunt. Ab initio enim Romani jura inter se persecuti sunt per legis actiones, quae arctissime cum legibus ipsis cohaerebant. Postea quum hic solennis litigandi modus temporibus rebusque mutatis parum conveniret, magistratus, ut supra explicare conati sumus, litigandi rationem per formulas ad judicii recuperatorii exemplum formatam introduxerunt. Pro rerum autem natura hoc duplici modo fieret necesse erat. Namsi jure civili jus agendi jam constitutum erat, novum tantum agendi modum juxta veterem per legis actiones permittebant, sin autem causa talis erat, quae ex jure civili nullam procrearet actionem, ipsum jus agendi procreabant. In illis causis agendi fundamentum erat jus civile, formularum verba ad legis actiones applicabantur, itaque tota procedendi ratio, quamvis legis actionibus mitior, satis aspera; in his autem prorsus novis causis actio ex jure gentium orta, nulli verborum laquei, omnia ex aequo et bono fiebant. Postquam vero hic per formulas litigandi modus moribus ac legibus satis confirmatus est, et novae leges jus agendi ex novis causis constituerunt, ita ut plurimae formulae in jus concipi possent, saepius in illo legitimo judicio iniqua sententia pronunciata esse videtur. Quare praetor commotus est, ut juris iniquitatem prohiberet, et ita adjuvit, ut formulae adderet verba, quae judicem ad aequum et bonum delegabant. Ita ex multis stricti juris (in jus conceptis) actionibus in personam judicia bonae fidei orta esse videntur et simili modo praetor aequum tuitus est, dum in aliis actionibus in rem faciliorem aptioremque litigandi finem inde adducebat, quod formulam dabat arbitrariam.

omnes nobis traditae sint, necne. Quum igitur in omnibus formulis in factum conceptis, sive de eadem causa judicium stricti juris aut bonae fidei aut arbitraria formula accipi potuerit, sive non potuerit, recuperatores dari possent, convenit, priusquam singulas causas recuperatorias a scriptoribus commemoratas examinemus, ut causas exquiramus, quae praetores ad constituendum judicium recuperatorium commoverint. Quodsi igitur judicii vim et rationem, sicut supra sxplicavimus, animo reputamus, contendendum est, praetores recuperatores dedisse, propterea quod res quodammodo reipublicae intererat et judicium quasi publicum quam celerrime finiendum esse videbatur. Id facillime demonstrari potest de omnibus judiciis, in quibus recuperatores judicasse commemoratur. Invenimus enim in veterum libris hasce causas a recuperatoribus judicatas: injuriarum actionem, vi bonorum raptorum actionem, interdicta, formulam, qua usus est patronus adversus libertum, qui eum contra praetoris edictum in jus vocaverat, vadimonium desertum, causas liberales et causas fiscales.

Primum quod attinet ad causas fiscales, duo exstant loci, qui eas a recuperatoribus judicatas esse comprobant [2]). Atque demonstrari non opus est, quam ob rem in iis judicium recuperatorium adhibitum sit, quum unusquisque facile perspiciat, rationes judicii porrigendi, quas antea exposuimus, hic quoque adfuisse.

Tum vero causae liberales [3]), quibus alia judicia de

2) Lex Mamil. c. 5. Sueton. Ner. c. 17. fortasse etiam hic referendum est frag. leg. Thoriae I. v. 33.—36. II. v. 22—30. cf. quoque Huschkius l. l. pag. 228. 229., cui in eo assentire nolim, quod ad sententiam probandam etiam laudat Lact. inst. III. 20. et Cic. divin. c. 17. cf. supra §. 13. not. 2 et 3.

3) Suet. Domit. c. 8. alii autem loci, qui hic laudari solent (Plaut. Rudent. V. 3. Cic. divin. c. 17. et loci de consilio

statu [4]) adnumeranda esse videntur, a recuperatoribus judicatae sunt. Quae quidem causae ab antiquissimis temporibus certe maximi fuerunt momenti, quum ex illa quaestione, utrum quis liber et cives sit, an servus, omnia penderent jura, et talis controversia injuste et inique instituta causa esset, cur Appius Claudius et decemviri imperio expellerentur. Itaque jam a rerum Romanarum initio causa liberalis solenniter cognosceretur necesse erat, et ex Gajo colligi licet, de libertate usque ad ultima tempora actum esse legis actione sacramenti et centumviros rem judicasse [5]). Primum enim quum Gaji tempore tum demum in primis adhuc lege ageretur, si res a centumviris judicanda erat, sine dubio, ubi sacramenti actionem explicat, causam centumviralem perscripsit, ibique enarravit, quomodo aliquis servum vindicare deberet [6]), id quod idem est, ac si de causa liberali egisset [7]). Tum autem has causas centumviralibus adnumerandas esse inde maxime patet, quod controversia de libertate ad antiquas vindicationes pertinebat, quae a centumviris antiquitus judicabantur, quoniam justum servorum dominium ex jure Quiritium ortum erat. Id quod ab omni modo comprobatur, si solennem manumissionem vindicta comparamus. Denique vero Julianus in L. 30. D. de liber. causa (XL. 12.) dicere videtur de causa liberali coram centumviris peracta, quia haec ejus verba „*si uno judicio liber, altero servus judicatus est, commodissimum est, eo usque cogi judices, donec consentiant*" optime et recte quidem, ut videtur, ad judi-

manumissionis in provinciis) ad has causas non pertinent, quia ad res provinciales spectant.

4) Suet. Vesp. c. 3.

5) Cf. Zimmern l. l. III. §. 14—16. 36.

6) Gaj. IV. 16.

7) Cf. Zimmern l. l. I. §. 202.

cium centumvirale referenda sunt [8]). Huic legi jungendus est Quinitiliani locus [9]), ubi loquitur de causa liberali, quae coram duabus centumvirorum hastis peracta est. Quae quum ita sint, nemo dubitabit, quin controversias de libertate centumviri quoque judicarint. Quum vero etiam singuli judices [10]) et recuperatores eodem munere functi sint, quaerendum est, quando centumviri, quando singuli judices et quando recuperatores rem ad finem perduxerint. Primis quidem temporibus centumviri omnes hujusmodi causas judicasse videntur, quoniam judicium centumvirale certe ab initio plebejum erat [11]), et ii, qui ex justa servitute manumittebantur, plebeji nec patricii fiebant, denique quoniam de plebejorum libertate et civitate fortasse initio solum dimicabatur [12]). Patriciorum autem et plebejorum discrimine sublato et magistratuum auctoritate et imperio confirmato atque exculto, magistratus etiam judicia de tanta gravique causa constituisse videntur et vindicationes in libertatem vel in servitutem aeque atque aliae vindicationes esse institutae. Quum vero Romani semper de amore favoreque libertatis suo praedicarent, et in causa liberali juris gentium principia saepius adhibenda essent, vindicationes quidem in servitutem solenni et periculoso modo per legis actiones coram centumviris peractae, vindicationes autem in libertatem faciliori formularum ratione institutae esse videntur [13]). Restat igitur quaestio, ex quibusnam causis magistratus judices aut recuperatores dederint, quas equi-

---

8) Cf. Zimmern l. l. III. §. 15. not. 8. L. 24. D. de manumiss. (XI. 1.) L. 38. D. de re jud. (XLII. 1.).

9) Inst. orat. XI. 1.

10) L. 8. §. 1. 2. L. 9. pr. L. 41. §. 1. D. de liber. causa (XL. 12.)

11) Niebuhr l. l. I. pag. 459. 473. Zimmern l. l. III. §. 14.

12) Zimmern l. l. III. §. 36.

13) Zimmern l. l. III. §. 37.

dem explicare non audeo. Praetores conjicimus recuperatores in his causis adhibuisse, ut pro libertatis favore causae liberales quam celerrime ad finem perducerentur, et quoniam reipublicae maxime interesset, quales homines liberi et cives judicarentur.

§. 16.

Porro Q. Labeo scripsit [1]) praetores edixisse: „*injuriis aestimandis recuperatores se daturos.*" Nemo autem ignorat in XII tabulis haud multas denotatas esse injurias iisque poenas irrogatas [2]). Primis igitur temporibus ex paucis tantum causis actio injuriarum lege XII tabularum introducta in legitimo judicio persequenda fuisse videtur. Rebus autem mutatis amplificatisque et jurisprudentia exculta ac perpolita, quum permulti actus fieri possent, qui maximam injuriam continebant, et in quos aut exigua tantum poena aut omnino nulla legibus statuta erat, leges non amplius sufficiebant, praetores succurrebant et edictis suis aequitatem adjuvabant [3]), dum aut ex iis causis, quas legibus non continebantur, judi-

1) Gell. XX. 1. Cicero quoque de invent. II. 20. recuperatores in judicio injuriarum commemorat.

2) Gaj. III. 223. *Poena autem injuriarum ex lege XII tabularum propter membrum quidem ruptum talio erat, propter os vero fractum aut collisum trecentorum assium poena erat, velut si libero os fractum erat, at si servo CL: propter ceteras vero injurias XXV assium poena erat constituta.* cf. §. 7. J. de injur. (IV. 4.) Gell. XX. 1. XVI. 10. Fest. v. talionis. Coll. II. 5. Praeterea Augustinus de civit. Dei II. 9. Cicerone laudato sic dicit: *Deinde paullo post, Nostrae, inquit, contra XII tabulae, quum perpaucas res capite sanxissent, in his hanc quoque sanciendam putaverunt, si quis occentavisset, sive carmen condidisset, quod infamiam faceret flagitiumve alteri.*

3) Gaj. III. 224. §. 7. in fin. J. de injur. IV. 4.

cium de injuriis promittebant, aut in ceteris causis, quas leges jam sanxerant, formulis verba inscribebant, quae vel actori vel judici injuriarum aestimandarum jus tribuerent. Quare qui injuriarum agere volebat, aut aestimatoria uti poterat in factum concepta, quam si elegerat, ex libero praetoris arbitrio pependisse videtur, utrum daret judicem an recuperatores, qua de re sine dubio singula principia in edicto proposuit. Viri[4]) quidem docti contendere solent recuperatores esse datos, si de atrociori injuria ageretur, judicem vero si minus atrox esset injuria. His tamen assentire nolim. Primum enim illa injuria, quae dicitur praetores commovisse [5]), ut injuriis aestimandis recuperatores darent, atrocioribus adnumeretur non est necesse, quia lege XII tabularum ad eas pertinebat, quae XXV assium poena vindicabatur, tum quia praetor ipse atrocem injuriam aestimare solebat [6]), et secundum Gellii verba recuperatores injuriam illam aestimabant. Dein autem, etiamsi concederemus[7]), illam Verratii injuriam atrocem fuisse, inde non sequitur, ut omnes atroces injuriae a recuperatoribus judicatae sint. Aliam quidem injuriae atrocis causam Cicero [8]) ita commemorat, ut colligere posses, recuperatores has causas judicare solitos esse; sed hic locus etiam ita explicari

4) Zimmern l. l. III. §. 37. Huschke l. l. pag. 224.
5) Gell. XX. 1.
6) Gaj. III. 224.
7) Aliis temporibus aliud de injuria sensisse videntur Romani, quam ob rem discrimen inter atrocem et non atrocem injuriam pro temporibus diversum fuerit necesse est, et in dubio relinquitur, utrum verba Gaji III. 225. Justiani in §. 9. J. de injur. (IV. 4.), Ulpiani in L. 7. §. 8. L. 9. pr. D. de injur. et fam. lib. (XLVII. 10.) aliorumque ad Verratii aetatem ejusque causam referenda sint, necne.
8) De invent. II. 20.

potest, ut recuperatores adhibiti sint, propterea quod res quam celerrime dirimenda fuerit; ac praeterea auctor ad Herennium [9]) ejusdem generis injuriam a judice judicatam enarrat. Quae quum ita sint, praetores recuperatorum dandorum eam rationem habuisse videntur, ut tum darent recuperatores, si non solum privatus violatus, sed etiam respublica ipsa laesa sit injuria, quae idcirco quam primum luenda erat. Id enim ex causis a Gellio et Cicerone relatis palam intelligitur. Nam ille L. Verratius eo, quod quemlibet, qui ei obviam veniret, depalmabat, et numerare statim secundum XII tabulas XXV asses servum jubebat, legem, quam omnes Romani jure summa verecundia intuebantur, insolentissime contempsit elusitque impudentissime. Illius igitur vecordia magis rempublicam, cujus plurimum intererat, ut legum auctoritas et sanctitas coleretur, quam illos privatos laedere videbatur. Quam ob rem praetores legem abolescere et relinqui censuerunt et judicium recuperatorium huic causae aptissimum constituerunt, quo poenae meritae et injuriis accommodatae dependerentur. Eodem fere modo res se habet in illa Ciceronia injuriarum causa. Omnes enim, qui rerum tenorem interrumpunt et publicam quietem turbant, rem publicam ipsam offendunt, et tale judicium constituendum est, cujus judices ad legum satis jam obsoletarum verba non arcte adstricti causam ex rerum condicione et ex vera facti natura dirimunt.

Veniamus nunc ad vi bonorum raptorum actionem [10]), quam a recuperatoribus judicatam ex Ciceronis oratione

9) II. 13. „*C. Caelius judex absolvit injuriarum eum, qui Lucilium poetam in scena nominatim laeserat: P. Mucius eum, qui L. Accium nominaverat, condemnavit.*" cf. loci not. 7. laud.

10) Ab initio haec actio non hoc nomine sed *de vi coactis armatisque hominibus* significata esse videtur. Cic. orat. pro

pro Tullio comperimus. Eodem loco [11]) docemur, hanc actionem a M. Lucullo praetore primum constitutam esse propter hominum malam consuetudinem nimiamque licentiam. Cicero autem simul hanc rationem, quae praetorem commoverat, ut novum componeret judicium, diligentius explicavit, unde nostra sententia, quam de recuperatorum dandorum ratione in civium causis supra attulimus, ab omni parte comprobatur. Sunt enim verba Ciceronis haec [12]): „*Nam quum multae familiae dicerentur in agris longinquis et pascuis armatae esse caedesque facere, quumque ea consuetudo non solum ad res privatorum, sed ad summam rem publicam pertinere videretur; M. Lucullus, qui summa aequitate et sapientia jus dixit, primus hoc judicium composuit, et id spectavit, ut non modo armati damnum nemini darent, verum etiam lacessiti jure se potius quam armis defenderent.*" Et paullo post [13]): „*His temporibus quum ex bello diuturno atque domestico res in eam consuetudinem venissent, ut homines minore religione armis uterentur, necesse putavit esse, et in universam familiam judicium dare, quod a familia factum diceretur; et recuperatores dare, ut quam primum res judicaretur; et poenam graviorem constituere: ut metu comprimeretur audacia.*" Quae quum ita comparata sint, ut de hac recuperatorum ratione verbis nostris non amplius opus sit, id tantum adhuc admoneamus, ex formula [14]), quam Tullius hic accipiebat, facillime cognosci et colligi

Tull. §. 9. cf. Savignius in Zeitschr. für geschichtl. Rechtswissensch. Tom. V. pag. 123—130. Huschke l. l. p. 183 sqq.

11) pro Tull. §. 8. M. Terentius Varro Licinianus Lucullus aut a. u. 677 aut 778 praetor fuisse videtur. Huschke l. l. p. 91.

12) orat. pro Tull. §. 8.

13) Ibid. §. 10.

14) Ibid. §. 7. „*Iudicium vestrum est, recuperatores, quantae*

in judiciis, quae praetor introduxerit, formulam in factum conceptam esse, atque in his causis solis recuperatores inter cives judicare potuisse.

§. 17.

Reliquas causas recuperatorias, quae a scriptoribus commemorantur [1]), eo complecti possumus, quod semper recuperatores adhiberi possent, si contra edictum praetoris aliquid factum esse dicebatur. Quum unicuique, qui jus suum in judicio persequi volebat, lege competeret in jus vocatio, quae omni liti antecederet necesse erat: praetores innumerabiles formulas, quae in factum conceptae erant, ad eam tuendam in albo proponebant [2]). Sub eodem edicti titulo praetor eas enumerabat personas, quas causa non cognita in jus vocare non licebat, et si nihilominus vocabantur, in eos, qui vocaverant, poenale judicium promittebat [3]). Quanquam jam inde, quod illae formulae in factum conceptae erant, contendi licet, recuperatores in his controversiis dari et judicare potuisse, id ab omni demum parte confirmatur illa Gaji [4]) formula, qua patronus utebatur contra libertum, qui illum contra praetores edictum in jus vocaverat. Quae quidem causa cum ceteris sub hoc titulo edicti propositis ita ejusdem erat condicionis, ut nil rationis videam, quod impedire nos possit, quo minus omnes hujus generis causas recuperatores judicare solitos esse contendamus. Ad quod accedit, ut alia causa [5]) illis simillima a recuperatoribus ex certis causis finiri potuerit. Vadimonia

---

pecuniae paret dolo malo familiae P. Fabi si hominibus armatis coactisve damnum datum esse M. Tullio." cf. supra §. 14. not. 1.

1) Gaj. IV. 46. 185. Lex Gall. Cisalp. c. 21. fin. Cic. orat. pro Caecin. Gaj. IV. 141.

2) Gaj. IV. 46.

3) Gaj. IV. 185. §. 3. J. de poena temere litigant. (IV. 16.) Rubr. titulor. in Dig. de in jus vocando (II. 4.), si quis in jus vocatus non ierit, sive quis eum vocaverit, quem ex edicto non debuerit (II. 5.); in jus vocati ut eant, aut satis vel cautum dent (II. 6.); ne quis eum, qui in jus vocabitur, vi eximat (II. 7.); qui satisdare cogantur etc. (II. 8.). Nam tum ex titulorum ordine, quum ex ipsis eorum legibus intelligitur, praetorem haec omnia in edicti titulo de in jus vocando exposuisse.

4) IV. 46.

5) Gaj. IV. 184. 185.

enim, quae ad actiones in jure peragendas pertinebant, quibusdam ex causis ita fiebant, ut qui non steterit, is protinus a recuperatoribus in summam vadimonii condemnaretur. Haec vadimoniorum formula quin illis in edicto de in jus vocando praepositis fuerit simillima, nemo dubitabit, si considerat, non legem, sed praetorem vadimonia aeque atque judicia ad tuendam in jus vocationem proposita introduxisse eum in finem, ut litem contestari et judicium suscipere possent litigatores [6]). Quanquam vero edicti partem de vadimoniis veterum libri nos satis non docent [7]), id tamen pro certo habere possumus, recuperatores de vadimoniis judicasse, si non civilis sed honoraria causa fuerit. Namsi vadimonium stipulatione factum erat, actio ex stipulatu oriebatur et minime recuperatores dabantur. Num autem recuperatores de vadimoniis, quae jure jurando facta erant, judicaverint [8]), equidem decernere non audeo. Omnino hac in re cavendum esse videtur, ne nimis audacter divinemus, quum Gajus rem leviter tantum attigerit et dixerit: „*eaque singula diligenter praetoris edicto significantur*;" alias vero perpauca tantum inveniamus.

Restat, ut de interdictis agamus, quae rem etiam ad judicium recuperatorium ducere poterant [9]). Interdictorum origines duplices fuisse videntur; alia enim ex jure civili orta et jure honorario confirmata, alia ex solo jure honorario profecta sunt [10]). Namsi XII tabulae hujus generis jura tribuerunt, ex quibus legerentur glandes, quae in fundum vicinum inciderent [11]), et rami arboris, in agrum vicinum impendentis, quindecim pedes altius circumciderentur [12]), haec jura aeque atque illorum, qui

---

6) Vadimonia, quibus in jure sistendi causa formularum tempore utebantur Romani, praetores in antiquorum vadium et subvadium locum substituisse videntur cf. Dirksen Uebersicht der bisherigen Versuche zur Kritik und Herstellung des Textes der XII. Leipz. 1824. pag. 123. sqq. pag. 188. sqq. Zenger, Ueber das Vadimonium der Römer. Landshut 1826. pag. 19—36.

7) De vadimoniis cf. Zimmern l. l. III. §. 112—117. et Zengeri lib. laud.

8) Zimmern l. l. III. §. 114. Zenger l. l. pag. 34 sqq.

9) Cic. orat. pro Caecin. Gaj. IV. 141.

10) Cf. Zimmern l. l. III. §. 72.

11) Plin. hist. nat. XVI. 5. cf. c. L. 236. §. 1. D. de verb. sig. (L. 16.).

12) L. 1. §. 8. D. de arb. caed. (XLIII. 27.).

agrum publicum possidebant [13]), aliquo modo defenderentur necesse erat. Quodsi postea illa jura praetor interdictis tuitus est [14]), nostram de varia interdictorum origine sententiam ususquisque nobis concedet. Quum autem inprimis ad jura privata tuenda actiones datae sint, sequitur, ut interdicta non praecipue ad privatorum jura pertinuerint [15]). Id enim cognoscitur tam ex interdictis ipsis [16]), quae in jurisconsultorum aliorumque libris inveniuntur, quam ex diversa ratione, quae in actionibus et interdictis peragendis observabatur. Nam in iis quidem causis, quae actionibus persequendae erant, praetor in edicto formulam et judicium dare promisit, si de ea re litigaretur: de ea autem re, de qua interdictum quoddam proposuerat, se judicium daturum nunquam edixit, sed edictum solum aliquod jussum continuit, et judicium ex interdicto tum demum proficisci potuit, si id, quod praetor jusserat, non factum erat, quare formula in factum conciperetur oportuit. Itaque omnia hujusmodi judicia non eam ob causam data sunt, quia jus privatum laesum erat, sed propterea quod jus publicum violatum et praetoris auctoritas contempta esse videbatur. Quae quum ita sint, jam ex rerum natura et condicione colligere et contendere possumus, in interdictorum causis recuperatores dari potuisse, id quod veterum testimoniis praeclare comprobatur [17]). Atque id solum investigare adhuc relinquitur, quando in causis interdictorum recuperatores, quando judices munere functi sint? Quae quidem quaestio, quum in veterum libris hac de re nihil inveniamus, accurate explicari nequit. Tota res fortasse ex praetoris arbitrio pependit, aut ex actoris voluntate, utrum recuperatores an judicem postularet. Fortasse si per sponsionem agebatur, solum judices, si per formulam, sive judices sive recuperatores dati sunt, ita ut, si ex prohibitoris interdictis ageretur, judex controversiam dirimere soleret, si ex restitutoriis vel exhibitoriis modo judex, modo recuperatores rem judicarent [18]).

---

13) Cf. Savignius, Das Recht des Besitzes. §. 12. a.
14) L. 9. §. 1. D. ad exhib. (X. 4.), L. un. D. de gland. leg. (XLIII. 28.), tit. D. de arb. caed. (XLIII. 27.).
15) Cf. Savigni. l. l. §. 34. Zimmern l. l. III. §. 71. 72.
16) Interdictorum indicem invenies apud Zimmern. l. l. III. 73.
17) Caecina, quem Cicero defendit, usus est interdicto de vi hominibus armatis; pro Caec. cap. 8. — Gaj. IV. 141.
18) Gaj. IV. 141. conf. cum §. 162—170. Zimmern l. l. III. §. 71.

Quodsi illas causas, de quibus in prima hujus paragraphi parte verba fecimus, cum interdictorum causis comparamus, maximam inter utrasque similitudinem intelligimus. Tam enim in his quam in illis judicium proficiscebatur, si praetoris edicto non obtemperatum erat, praetor autem populi Romani auctoritate jurisdictionem exercebat, et reipublicae plurimum interesset necesse erat, ut ejus auctoritas summa observantia coleretur. Itaque haec judicia quasi publica fuisse videntur, quae celerrime judicanda erant. Quae quidem rerum natura comprobat, recuperatoria judicia, si eorum rationem, sicut eam explicavimus, pro vera statuimus, ad has causas aptissime porrecta esse, contra si harum causarum naturam ita accipimus, veram recuperatorum rationem a nobis defensam esse.

Postremo quod attinet ad recuperatorum exitum atque interitum, pauca tantum afferenda esse videntur, quum certum tempus, quo recuperatores in fine judicaverint, ex veterum libris explicari nequeat, et ne unum quidem locum habeam compertum, ex quo in rem aliquid divinari possit. Quum vero recuperatores illis temporibus, quibus controversias inter populos aequo foedere conjunctos dirimebant, diversissimi essent ab illis, qui postea res privatas judicabant, dicere possumus, eos non semel sed saepins abiisse. Antiqui enim recuperatores tum aboleverint oportet, quum populus Romanus laetis victoriis auctus tantam amplitudinem et potentiam adeptus esset, ut aequa foedera cum exteris nationibus raro tantum vel omnino non iceret. Itaque hi recuperatores circa saeculi quinti finem abiisse videntur, quo tempore Romani totam Italiam ad deditionem adigebant. Iudicium autem recuperatorium privatum, veteris imago, abolevit una cum toto judiciorum privatorum ordine sensimque discessit. Recuperatorum igitur tam initium quam exitus nobis latet in tenebris, quas scriptores iis, quae de judicio ipso sparsim tradiderunt, ita tantum illustrarunt, ut vix pauca videre nobis liceat.

FSC
www.fsc.org
MIX
Papier | Fördert
gute Waldnutzung
FSC® C083411

Kolibri 360 GmbH
Ferdinand-Jühlke-Straße 7
99095 Erfurt, Deutschland
produktsicherheit@kolibri360.de